eurolingua Deutsch 2

Neue Ausgabe

Teilband 1

Cornelsen

eurolingua **Deutsch 2**

Neue Ausgabe

Deutsch als Fremdsprache für Erwachsene
Teilband 1

Im Auftrag des Verlages herausgegeben von:
Prof. Dr. Hermann Funk und Michael Koenig

Erarbeitet von:
Knut Eisold, Ute Koithan, Dieter Maenner und Christian Seiffert

Redaktion:
Dr. Ulrike Litters (verantwortliche Redakteurin)
Dr. Gunther Weimann (Projektleitung)

Beratende Mitwirkung:
Dr. Friederike Jin (Goethe-Institut Frankfurt)
Dr. Barbara Laue (AmkA Frankfurt)

Redaktionelle Mitarbeit:
Charlotte Böhler-Rodet
Dieter Maenner

Illustrationen:
Laurent Lalo

Umschlaggestaltung:
Leonardi.Wollein, Berlin

Layout und technische Umsetzung:
Petra Eberhard, Berlin

www.cornelsen.de

1. Auflage, 1. Druck 2006/06

Alle Drucke dieser Auflage sind inhaltlich unverändert und können im Unterricht nebeneinander verwendet werden.

Druck: CS-Druck CornelsenStürtz, Berlin

ISBN-13: 978-3-464-21390-2
ISBN-10: 3-464-21390-0

Inhalt gedruckt auf säurefreiem Papier aus nachhaltiger Forstwirtschaft.

Weitere Kursmaterialien:

Sprachtrainer	ISBN-13: 978-3-464-21414-5 / ISBN-10: 3-464-21414-1
Audio-CDs	ISBN-13: 978-3-464-21208-0 / ISBN-10: 3-464-21208-4
Vokabeltaschenbuch	ISBN-13: 978-3-464-21183-0 / ISBN-10: 3-464-21183-5
Handreichungen für den Unterricht	ISBN-13: 978-3-464-21184-7 / ISBN-10: 3-464-21184-3
Lernerhandbuch	ISBN-13: 978-3-464-21225-7 / ISBN-10: 3-464-21225-4

Erläuterung der Symbole

.... Partnerarbeitw

.... Gruppenarbeit

.... Der Text ist auf CD zu hören

A, B oder C...... Verweise zum Lernerhandbuch

Hinweise

Der Teilband 1 des zweiten Bandes (Einheit 1–8) führt zur Niveaustufe A2 des **Gemeinsamen europäischen Referenzrahmens**. Das Lehrwerk gibt es in einer fünfbändigen und einer dreibändigen Ausgabe. Mit beiden Ausgaben erreichen Sie das Niveau des **Zertifikats Deutsch**. Das Buch wird Sie während des Kurses und zu Hause beim Deutschlernen begleiten. Sie finden hier das Material, das Sie im Kurs benötigen (Texte und Aufgaben) und Materialien, mit denen Sie zu Hause das im Kurs Gelernte wiederholen und vertiefen können.

Das Kursbuch

besteht aus 8 **Einheiten**, 2 **Optionen** und einem **Anhang**. Jede **Einheit** beginnt mit einer bilderreichen Auftaktseite, die Sie mit einfachen Aufgaben an den Lernstoff heranführt. Es folgen drei bzw. vier Doppelseiten, auf denen der Lernstoff in einzelnen Abschnitten kleinschrittig präsentiert wird. Den Abschluss einer jeden Einheit bildet die Seite **So geht's**, die das Gelernte übersichtlich zusammenfasst.

Auf den Doppelseiten finden Sie vielfältige Materialien und Aufgaben, die das Lernen erleichtern und so abwechslungsreich wie möglich machen. Sie lernen in einfachen Alltagssituationen sprachlich zurechtzukommen, einfache gesprochene Texte zu verstehen, geschriebene Texte zu entschlüsseln und einfache Texte zu schreiben. Bei der Vermittlung von landeskundlichen Inhalten erhalten Sie die Gelegenheit, das Leben und die Menschen der deutschsprachigen Länder mit Ihren eigenen Lebenserfahrungen zu vergleichen. Besonderen Wert haben wir darauf gelegt, dass Sie beim Lernen über Ihre persönlichen Bedürfnisse nachdenken und auf diese Weise Ihren eigenen Lernstil finden können.

Die **Optionen** bieten zusätzliche Materialien an, mit denen Sie den Lernstoff der vorangegangenen Einheiten in spielerischer Form wiederholen und vertiefen können. Zudem ist in den Optionen ein **Phonetik-Kapite**l integriert, das Sie in systematischer Form an Rhythmus, Melodie und Aussprache des Deutschen heranführt. Am Ende einer jeden Option finden Sie eine Seite zur **Selbstevaluation**, mittels derer Sie in Erfahrung bringen, was Sie wie gut können.

Im **Anhang** finden Sie eine systematische Zusammenfassung der behandelten grammatischen Themen, die nicht in den Einheiten abgedruckten Hörtexte, den Lösungsschlüssel und eine alphabetische Wortliste.

Im Vokabeltaschenbuch / In den Glossaren

stehen alle neuen Wörter in der Reihenfolge ihres Auftretens mit Angaben zur Intonation, der Übersetzung bzw. einer Leerzeile und einem Beispielsatz.

Die CDs

enthalten alle Hörmaterialien, die im Buch mit dem Symbol gekennzeichnet sind.

Der Sprachtrainer

ist für alle Lerner, die noch etwas intensiver „trainieren" möchten, gedacht. Er enthält zu jeder Einheit zusätzliche Übungen zum Wortschatz und zur Grammatik.

Das Lernerhandbuch

hilft Ihnen, Ihren persönlichen Lernprozess zu steuern. Es begleitet Sie vom ersten bis zum letzten Band von **euro**lingua **Deutsch** und bietet systematische Informationen zu drei wichtigen Bereichen des Sprachenlernens an. Der Teil **Das Lernen lernen** gibt Informationen und Hinweise zu Lern- und Arbeitstechniken. Im Abschnitt **Kommunikation** sind die wichtigsten kommunikativen Situationen geordnet, die Sie in **euro**lingua **Deutsch** bewältigen lernen. Die **Grammatik** fasst alle Strukturen zusammen, die Sie für das **Zertifikat Deutsch** benötigen. So dient das Lernerhandbuch als kursbegleitendes Nachschlagewerk, auf das Sie jederzeit zurückgreifen können.

Wir wünschen Ihnen viel Erfolg und Freude beim Lernen mit **euro**lingua **Deutsch**.

Inhalt

Inhalt

Kommunikation	Grammatik	Lernen lernen
– über Freizeitinteressen sprechen – eine Reise planen – eine Region beschreiben – ein Anmeldeformulare ausfüllen – **Wortfelder:** Hotel, Kultur, Reisen	– Possessivbegleiter im Dativ – Wiederholung: Präpositionen mit Akkusativ und Dativ – Verben mit Akkusativ und Dativ – Sätze mit Konjunktionen (*weil, dass, und, denn, aber*) – Nebensätze mit *wenn*	– Lernfortschritte festhalten
– eine Speisekarte lesen – im Restaurant bestellen – über das Essen sprechen – sich beschweren – Texte vergleichen – **Wortfelder:** Essen, Ernährung		– Assoziationen versprachlichen – Wörternetze anfertigen
– über Arbeitsplätze sprechen – Wünsche formulieren – Interesse, Freude, Ärger ausdrücken – einen Arbeitstag beschreiben – über Zeit und Stress sprechen – **Wortfelder:** Arbeit, Bewerbung, Stress	– Verben mit Reflexivpronomen im Akkusativ – Verben mit Präpositionen – Fragen mit Präpositionen	– Lernkarten schreiben
– über Mode sprechen – Kleidung beschreiben – **Wortfelder:** Kleidung, Aussehen	– Reflexivpronomen im Dativ – Modalverben: *wollen* und *sollen* – Modalverben im Präteritum – unregelmäßige Verben im Perfekt – Wiederholung: Adjektivdeklination	– Übungen selber machen
	– **Phonetik**: – Rhythmus und Melodie (Betonung – Stimmung – Wirkung) – Aussprache (der Hauchlaut **h**)	– Lernfortschritte überprüfen und einordnen – eine Bilanz ziehen

Einheit 1: *Man lernt nie aus ...*

- Über das Lernen sprechen
- Nebensätze mit *weil* und *dass*
- Gründe nennen
- Pro und Contra

1. **Sehen Sie die Collage an. Was kann man lernen?**

> Man kann reiten lernen.

2. **Was haben Sie schon gelernt? Was wollen Sie noch lernen? Füllen Sie erst die Tabelle aus und diskutieren Sie dann im Kurs.**

Das habe ich schon gelernt:	Das möchte ich noch lernen:
...	...

Sprachen · kochen · Auto fahren · Klavier spielen · schwimmen · Tango tanzen · mit dem Computer arbeiten · lesen · schreiben · stricken · Gymnastik machen

> Zu Hause habe ich kochen gelernt.

> Ich kann Autos reparieren. Das ist mein Beruf.

> Ich möchte einen Tanzkurs machen. Salsa und Samba finde ich toll.

1 Ein Leben lang lernen

1.1 Lesen Sie bitte den Text und ordnen Sie den Sätzen das passende letzte Wort zu.

Auch viele Erwachsene wollen weiter lernen. Die Volkshochschulen (VHS) sind in Deutschland die wichtigste Institution für das Lernen nach der Schule. Viele Deutsche kennen die VHS, weil es sie in fast jeder Stadt und auch Zweigstellen in vielen Dörfern gibt. Die Volkshochschulen organisieren viele Veranstaltungen: Kurse, Seminare, Vorträge, Filmabende, Studienreisen usw. Früher haben fast nur erwachsene Teilnehmer die Kurse besucht. Aber das hat sich geändert, weil heute auch viele Jugendliche unter 18 Jahren zu den Kursen gehen. Die Volkshochschule bietet auch viele Kurse an, die es in den Schulen nicht gibt, z. B. Yoga, Jazztanz, Mode selber machen, Koch- oder Computerkurse. Die meisten Kursteilnehmer/innen (74 %) sind Frauen.

nach Volkshochschul-Statistik 2004 des Deutschen Instituts für Erwachsenenbildung (Reitz 2005)

Es gibt in Deutschland sehr viele	1	a	Frauen.
In den Dörfern gibt es oft	2	b	Jugendliche.
Kursteilnehmer/innen sind Erwachsene und	3	c	Kurse.
Die VHS bietet Sprachkurse an, aber auch viele andere	4	d	Schule.
An der VHS kann man andere Dinge lernen als in der	5	e	Volkshochschulen.
Die Mehrheit der Kursteilnehmer/innen sind	6	f	Zweigstellen.

1.2 Warum kommen die Leute in die Volkshochschule? Lesen Sie die Aussagen. Was glauben Sie, ist richtig?

Viele Leute besuchen einen Kurs in der Volkshochschule,…

1. … weil sie Langeweile haben.
2. … weil sie sich weiterbilden möchten.
3. … weil sie andere Leute kennenlernen möchten.
4. … weil sie in ihrer Freizeit etwas Interessantes tun möchten.
5. … weil sie sich verlieben möchten.
6. … weil sie in ihrem Beruf bessere Chancen haben möchten.
7. … weil sie mehr verdienen möchten.
8. … weil sie Spaß am Lernen haben.
9. … weil sie …

1.3 Warum nehmen Sie an diesem Kurs teil? Schreiben Sie Ihre Gründe auf Karten. Mischen Sie die Karten und lesen Sie vor. Raten Sie: Wer hat welche Karte geschrieben?

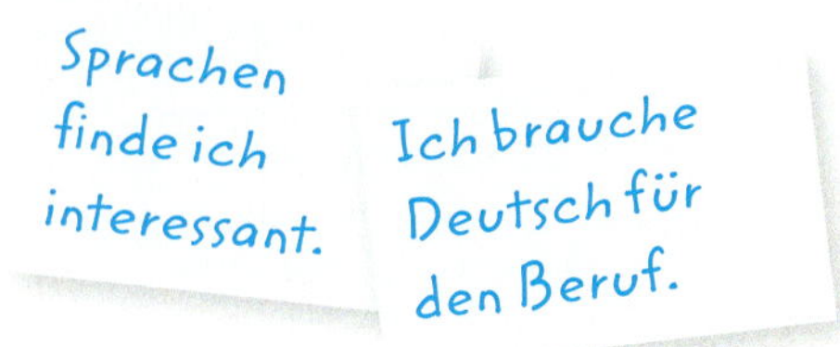

2 Warum? Weil …

C 101.1
C 87

2.1 **Lesen Sie noch einmal die Aussagen in 1.2 und dann das Beispiel. Was ändert sich im Satz mit *weil*?**

Aussage		Begründung
Frau Mariotta macht einen Deutschkurs.		Sie arbeitet in Deutschland.
Frau Mariotta macht einen Deutschkurs,	weil	sie in Deutschland arbeitet.

2.2. **Welche Begründung passt? Hören Sie zweimal und ergänzen Sie die Sätze.**

1. Ich mache oft Urlaub in Österreich, …
2. Heute kann ich nicht mit dir ins Kino gehen, …
3. Du kannst mich nicht anrufen, …
4. Ich schreibe den Test nicht mit, …

2.3 **Wer tut was warum? Finden Sie die passenden Begründungen und schreiben Sie sie ins Heft. Die Elemente im Kasten helfen Ihnen.**

1. Theo treibt Sport, …
2. Anirvan Dalal macht einen Tanzkurs, …
3. Petra lernt Englisch, …
4. Martin kommt sehr gern in den Kurs, …
5. Ludmilla Böspflug geht zur Fahrschule, …
6. Fabio lernt nicht mehr Deutsch, …
7. Herr und Frau Chaptal gehen gerne ins Museum, …
8. Mein(e) … lernt …
9. Ich …

dick sein
in London wohnen.
Grammatik zu schwer finden.
mehr über Kunst und Kultur lernen.
nicht tanzen können.
…
sie Kunst und Kultur interessant finden.
Führerschein machen müssen.
andere Kursteilnehmerin lieben.

2.4 **Warum …? Erfinden Sie die passenden Fragen. Es gibt viele Varianten.**

Warum sitzt du schon wieder am Computer?

Warum kannst du heute nicht mit uns essen gehen?

1. Weil ich noch eine Mail schreiben muss.
2. Weil ich das nicht mag.
3. Weil ich morgen in Urlaub fahre.
4. Weil ich schon über 35 bin.
5. Weil ich keine Lust habe.
6. Weil das für mich zu teuer ist.

2.5 **Ein Spiel: Fragen raten.**

Schreiben Sie Fragen mit *Warum* auf Karten. Ziehen Sie eine Karte. Flüstern Sie die Frage Ihrem Nachbarn/Ihrer Nachbarin ins Ohr. Er/Sie gibt laut eine Antwort auf die Frage. Die anderen versuchen die Frage zu erraten.

3 Mit allen Sinnen lernen

A 6

3.1 Ein Test: Welcher Sinn ist für Sie besonders wichtig?

Sie hören zuerst etwas Musik und dann Wörter. Kreuzen Sie bei jedem Wort an, welche Assoziationen Sie bei dem Wort haben.

	1.	2	3.	4.	5.	6.	7.	8.	9.	10.	11.	12.	13.	14.	15.	16.	17.	18.	19.	20.
Sehen																				
Hören																				
Riechen																				
Schmecken																				
Fühlen																				

3.2 Diskutieren Sie die Ergebnisse in der Gruppe:

Was haben Sie oft angekreuzt?/Welcher Sinn ist wichtig für Sie?/ Wie nutzen Sie die Sinne beim Lernen?

Ich muss neue Wörter hören.

Dann sprich neue Wörter laut.

3.3 Lesen Sie jetzt den Text. Welche Informationen sind neu?

Wir lernen das ganze Leben. Und jeder Mensch lernt anders. Kinder können schnell in einer neuen Sprache kommunizieren, Erwachsene lernen besser mit Grammatik. Die Wissenschaftler wissen schon lange, dass das Alter und die Motivation wichtige Faktoren für das Lernen sind. Viele Menschen glauben, dass ihnen das Schreiben und Lesen von neuen Informationen beim Lernen hilft. Andere Lerner sagen, dass sie gut mit Kassetten lernen. Manche lernen gerne alleine. Viele Menschen meinen, dass sie gut in einer Gruppe lernen.

Und Sie? Wie lernen Sie? Wichtig ist, dass Sie einen guten Weg für sich finden. Beim Lernen ist es wichtig, dass wir oft üben und probieren. Es ist klar, dass wir alle Fehler machen. Niemand ist perfekt und aus Fehlern können wir viel lernen. Im Kurs lernen Sie viele neue Wörter oder Strukturen. Sie können aber auch alleine Sätze mit den neuen Wörtern schreiben oder Dialoge laut sprechen. Sie können Wörter in Gruppen sortieren und mit eigenen Bildern lernen. Es ist wichtig, dass wir die Sprache oft benutzen, und dass wir in Situationen Hören und Sprechen, Lesen und Schreiben trainieren.

Schon Pestalozzi hat gesagt, dass das Lernen mit Herz, Hand und Kopf wichtig ist. Und das bedeutet, dass der Mensch Informationen logisch (Kopf), mit Emotionen (Herz) und durch Handlungen (Hand) speichern kann.

Johann Heinrich Pestalozzi
Schweizer Pädagoge (1746–1827)

3.4 Was steht im Text? Kreuzen Sie die richtigen Aussagen an.

1. [ ] Im Text steht, dass alle Menschen unterschiedlich *lernen*.
2. [ ] Viele Menschen finden, dass man im Kurs besser *lernt*.
3. [ ] Einige Personen machen keine Fehler, weil sie viel *lernen*.
4. [ ] Es ist wichtig, dass jeder Mensch seine Methode *findet*.
5. [ ] Die Wissenschaftler sagen, dass man die Sprache oft benutzen *muss*.
6. [ ] Man lernt besser im Kurs, weil man alleine nicht üben *kann*.

3.5 Wann, wie oft und wo lernen Sie für den Deutschunterricht? Machen Sie eine Umfrage im Kurs.

Wann?	Wie oft?	Wo?
 morgens mittags abends nachts kurz vor dem Unterricht	jeden Tag dreimal pro Woche zweimal pro Woche einmal pro Woche sehr selten 	 im Bett am Schreibtisch im Auto / im Bus im Büro vor dem Kursraum

C 101.2

3.6 Vergleichen Sie in 3.4 die Nebensätze mit „*weil*" und „*dass*". Ergänzen Sie dann die Satzgrafiken. Wie werden Nebensätze gebaut?

1. glaube / ~~Ich~~ // lernen / Erwachsene besser mit Grammatik

[Ich] [ ] , dass .... [ ]

2. ~~Viele Menschen~~ / nur selten / lernen // sie keine Zeit / haben

[Viele Menschen] [ ] ...., weil .... [ ]

3.7 Diskutieren Sie die Ergebnisse Ihrer Umfrage aus 3.5.

- Es ist interessant, dass …
- Ich glaube, dass viele … lernen, weil …
- Abends bin ich immer müde, weil …

Ich bin mir sicher, dass ich …
Ich lerne lieber morgens, weil …
Ich denke, dass ich …

Die Konjunktion *dass* steht nach Verben wie *sagen / glauben / meinen / finden* / … und Ausdrücken wie *Es ist wichtig, Es ist möglich, Es ist ein Problem, Es ist interessant, …*

4 *weil* und *dass*

4.1 Nicht gelernt? Zu spät im Unterricht? Schnell eine Ausrede erfinden!

Traum zu Ende geträumt

Auto kaputt

Fahrrad kaputt

zum Arzt gegangen

Hund war krank

Tasche vergessen

Streit mit Freund/in gehabt

keinen Babysitter gefunden

im Stau gestanden

Bus nicht gekommen

Liebeskummer gehabt

...

4.2 Gründe nennen. Suchen Sie ein Element aus und ergänzen Sie.

Ich lerne Deutsch, weil ...
Ich mag mein Land, weil ...
Ich liebe ... , weil
...

... macht Spaß, weil ...
Ich war schon in ... , weil ...
... habe ich besucht, weil ...

Ich habe ... gekauft, weil...
... mag ich gar nicht, weil ...
Ich spare für ..., weil ...

4.3 *weil* oder *dass*? Entscheiden Sie.

1. Bärbel Müller glaubt, ... sie einen guten Deutschkurs hat.

2. Herr Bilgin muss früh aufstehen, ... er lange bis zum Kurs fährt.

3. Wir wissen, ... wir noch viel lernen müssen.

4. Sandra ist müde, ... sie gestern lange gefeiert hat.

5. Herr und Frau Chaptal sind froh, ... ihre Tests so gut waren.

6. Er lernt Deutsch, ... seine Freundin Deutsche ist.

7. Frau Nyström sagt, ... sie morgen erst um 10.00 Uhr kommen kann.

8. Ich denke nicht, ... Tom heute pünktlich ist.

4.4 Schreiben Sie zwei Satzanfänge. Ihr Nachbar / Ihre Nachbarin beendet Sie. Lesen Sie dann vor.

Ich liebe das Wochenende, weil ...

Weißt du, dass ...?

4.5 Was passt wo: *dass* oder *das*?

1. Ich glaube, ... diese Frage nicht leicht ist.
2. .... Problem können Sie aber trotzdem lösen.
3. Es ist klar, ... es hier um Grammatik geht. Oder? Also, ... ist nicht so schwer.

   Wann ein „s“, wann zwei „s“? Wann groß und wann klein?

   Aha! Sind Sie sicher, ... stimmt?

5 Argumentieren lernen

5.1 Lesen Sie die vier Aussagen. Stimmen Sie zu oder nicht?

„Ich finde, Sport ist nicht so gesund wie alle sagen.“
„Ich bin der Meinung, man muss das Rauchen in Restaurants und Kneipen verbieten.“
„Ich denke, dass die Welt viele Kinder für die Zukunft braucht.“
„Ich esse viel Fleisch. Es gibt mir Kraft und schmeckt gut.“

„Wenn zwei Menschen immer wieder die gleichen Ansichten haben, ist einer von ihnen überflüssig.“
Winston Churchill

B 7 **5.2 Schreiben Sie eine der Aussagen aus 5.1 oben auf ein Blatt. Schreiben Sie Ihre Meinung unter die Aussage. Benutzen Sie die Sätze unten. Geben Sie das Blatt weiter. Der Nachbar / Die Nachbarin schreibt eine Meinung darunter. Der / die Letzte liest das Ergebnis vor.**

„Ich esse viel Fleisch. Es gibt mir Kraft und schmeckt gut.“
Das ist richtig. Ich bin der Meinung, dass Fleisch gesund ist.
Ganz im Gegenteil. Ich glaube, dass die Menschen viel zu viel Fleisch essen. Gemüse schmeckt auch gut.
Das ist Ansichtssache. Ich esse nur selten Fleisch.

seine Meinung sagen

Ich glaube, dass ... / Ich denke, dass ... / Ich finde, dass ...
Ich bin der Meinung / Ansicht, dass ... / Meiner Meinung nach ...

zustimmen (Pro)	**widersprechen (Contra)**	**unentschieden sein / keine Meinung äußern +/–**
Das ist richtig. Das finde ich auch. Ganz genau. Das stimmt. Das sehe ich auch so. Sehr richtig. Sie haben Recht./Du hast Recht.	Das ist falsch. Das finde ich nicht. Ganz im Gegenteil. Das stimmt nicht. Das sehe ich ganz anders. Ich bin ganz anderer Meinung.	Ich weiß nicht. Das kann sein. Das kommt darauf an. Das ist Ansichtssache. Das kann ich nicht beurteilen. Dazu möchte / kann ich nichts sagen.

5.3 Diskussion. Sprechen Sie jetzt zu dritt oder zu viert über eines der Themen aus 5.1 oder ein anderes Thema. Hier einige Vorschläge.

Für die Familie ist es wichtig, dass die Mutter immer bei den Kindern ist. Der Mann muss arbeiten und das Geld verdienen.

Geld macht glücklich.

...

6 Lesetraining – ein Programm verstehen

6.1 Wer besucht welchen Kurs? Lesen Sie die Aussagen und finden Sie für jede Person den richtigen Kurs im VHS-Programm.

Jakob Weber: ....

Meine Frau muss oft bis spät abends arbeiten und ich möchte für uns kochen.

Christine Keller: ....

Ich arbeite jetzt im Büro und muss mit dem Computer arbeiten.

Oliver Kull: ....

Ich gehe nächstes Jahr für einen Monat nach Brasilien.

Sonja Fehr: ....

Ich habe einen neuen Fotoapparat und möchte endlich richtig fotografieren lernen.

Erika Gall: ....

Ich sitze den ganzen Tag am Schreibtisch und am Abend brauche ich einfach ein bisschen Bewegung.

Fernando Henrique: ....

Ich kann schon Deutsch sprechen, aber ich muss jetzt auch Briefe und E-Mails für meine Firma auf Deutsch lesen und schreiben.

VOLKSHOCHSCHULPROGRAMM

Fotografieren (Anfänger)

Nr. F-100
Erstes Treffen, 14.03., 20 Uhr Fotolabor

Leitung: Sebastian Knips

Einführung in die Fotografie. Grundlagen zu Theorie, Kamerafunktionen, Motive. Praktische Übungen am Wochenende.

Portugiesisch (Intensivkurs)

Nr. Sp-P-002
Mo u. Do, 20.30 – 22 Uhr Raum siehe Aushang

Leitung: Isabella Ferreira

Portugiesisch spricht man nicht nur in Portugal. In Brasilien ist die Landessprache Portugiesisch. In dem Kurs lernen Sie an 30 Abenden das Wichtigste für eine Reise nach Brasilien.

Textverarbeitung (Grundkurs)

Nr. C – 364
Fr, 17.30 – 20 Uhr Karl-Friedrich-Gymnasium

Leitung: Petra Scholl

Im Grundkurs WORD lernen Sie, wie man einen Text in das Programm eingibt, korrigiert und gestaltet. Textbausteine und Formatvorlagen helfen Ihre Arbeit zu automatisieren.

Sie lernen auch, wie Sie Tabellen erstellen, Texte sichern und ausdrucken.

Bürgerliche Küche

Nr. K-762
Sa, 14 –17 Uhr Berufsschule Feudenheim

Leitung: Hannelore Kraut

Die Kursbesucher kochen nach Großmutters Art ganze Menüs. Auf dem Programm stehen auch regionale Spezialitäten wie Rheinische Bratkartoffeln, Kasseler Braten oder Kartoffelsuppe.
Auch für Personen mit wenig Kocherfahrung.

Konditionstraining

Nr. S-304
Di., 18 – 19.30 Uhr Hesse-Schule, Sporthalle

Leitung: John Carron

Gymnastik für Damen und Herren. Die persönliche Kondition verbessern und Spaß haben. Rückentraining inklusive.

Lesen und Schreiben für Erwachsene

Nr. D-88
Erstes Treffen, 02.04., 18 Uhr R 104

Leitung: Katharina Sturm

Auch bei uns gibt es immer mehr Erwachsene, die nicht oder nur sehr schlecht lesen und schreiben können. Die VHS bietet seit Jahren Kurse an, in denen man das Lesen und Schreiben lernen kann. Kennen Sie Personen mit diesem Problem? Machen Sie ihm oder ihr Mut. Jeder kann lesen und schreiben lernen. Vor dem Kurs bieten wir für alle TeilnehmerInnen ein persönliches Beratungsgespräch an.

Deutsch als Fremdsprache für den Beruf

Nr. Sp-D-207
Sa, 9 –13 Uhr R 106

Leitung: Tom Pilz

Sie brauchen Deutsch für Ihren Beruf? Sie haben bereits Grundkenntnisse im Deutschen? Dann bringen Sie die Basis für diesen Kurs mit.

Lernziele: Geschäftsbriefe auf Deutsch schreiben, Telefonate für Ihre Firma führen, berufliche Gespräche in Rollenspielen trainieren.

So geht's

Kommunikation

Gründe nennen

Ich lerne am Wochenende, weil ich dann Zeit habe. Peter ist in die Schweiz gefahren, weil er einen Freund besucht hat. Meine Freundin und ich treffen uns heute abend. Ich muss ihr etwas erzählen.

Argumente für und gegen etwas nennen:

Für / Pro	Gegen / Contra:
Ich glaube / finde / denke / meine, dass … Ich bin der Meinung, dass … Es ist richtig, dass … Das stimmt. Ja, genau. Das sehe ich auch so.	Ich glaube / finde / denke / meine nicht, dass … Ganz im Gegenteil. Es ist falsch / nicht richtig, dass … Ich bin anderer Meinung, weil … Aber das stimmt nicht. Nein, das sehe ich anders.

Grammatik

Nebensätze mit *weil*

Nebensätze mit *weil* nennen einen Grund: Ich bin glücklich, weil ich eine gute Arbeit gefunden habe.

Nebensätze mit *dass*

Nebensätze mit *dass* haben oft eine Einleitung: Frau Buarque denkt, dass sie mehr lernen muss. Ich glaube / denke / meine, dass … Es ist möglich / wichtig / klar, dass … Es ist (k)ein Problem / (k)ein Thema, dass …

In Nebensätzen mit *weil* oder *dass* steht das konjugierte Verb am Ende des Satzes:

Ich habe keine Zeit. Ich muss lernen.	Ich habe keine Zeit, weil ich lernen muss.
Sport ist gesund.	Ich glaube, dass Sport gesund ist.

Lernen lernen

A 18 Schreiben Sie ein Lerntagebuch? Versuchen Sie es einmal. Schreiben Sie jeden Tag etwas zu den Themen:

- Das habe ich gelernt: *Ich habe heute … gelernt. Das ist nicht so schwer …*
- Das war heute gut: *Ich habe eine kleine Geschichte erzählt.*
- Das war heute nicht so gut: *Ich habe verschlafen und bin zu spät gekommen.*
- Das Wort des Tages: *verschlafen*

Einheit 2: *Höher, schneller, weiter*

- Vermutungen äußern
- etwas vergleichen
- Maße und Gewichte
- Komparation mit *wie* und *als*
- Komparativ und Superlativ

Heike Henkel springt …		
1,95 m	2,02 m	2,07 m

Georg Hackl fährt …		
95 km/h	115 km/h	150 km/h

Michael Schumacher fährt …		
320 km/h	330 km/h	340 km/h

Marita Koch läuft auf 400 m …		
47,6 Sek.	49,6 Sek.	51,6 Sek.

Jürgen Schult wirft …		
64,08 m	74,08 m	84,08 m

Franziska van Almsick schwimmt 200 m in …		
1,56 Min.	2,07 Min.	2,18 Min.

1. **Wie hoch, wie schnell und wie weit? Was vermuten Sie?**

Ich vermute, Heike Henkel springt …

Ich meine, dass Michael Schumacher …

Man schreibt:	Man sagt:
2,05 m	*zwei Meter fünf.*
10,81 Sek.	*zehn Komma acht eins Sekunden.*
km/h	*Stundenkilometer oder Kilometer pro Stunde.*

2. **Überprüfen Sie Ihre Vermutungen mit der CD.**

3. **Und in Ihrer Klasse?**

Ich vermute, dass Tom zwei Stunden für 100 Meter braucht!

Ich glaube, dass Bernard nicht Fußball spielen kann!

1 Maße und Gewichte

S. 202

1.1 Abkürzungen für Maße und Gewichte. Ordnen Sie zu.

1	m	8	l		Millimeter		Stundenkilometer
2	mm	9	kg		Sekunde		Meter
3	cm	10	Min.		Gramm		Stunde
4	km	11	g		Quadratmeter	7	Kubikmeter
5	km/h	12	Std.		Zentimeter		Liter
6	°C	13	Sek.		Minute		Grad Celsius
7	m³	14	m²		Kilogramm		Kilometer

1.2 Schreiben Sie die Maße aus 1.1 in den richtigen Kasten.

Grad Celsius / °C

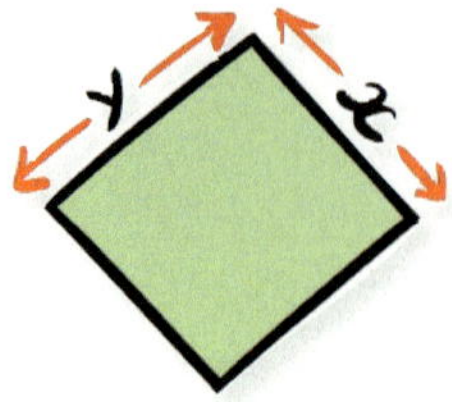

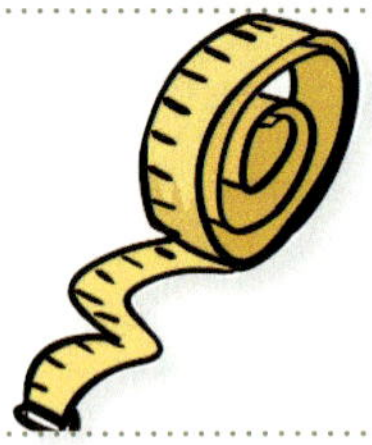

1.3 Ratespiel: Wie hoch, wie breit, wie schwer, ...? – Ergänzen Sie.

Der/die Lehrer/in	ist	....	Zentimeter groß.
Ein Basketball	ist	....	Gramm schwer.
Das Blut von Menschen	ist	....	Grad warm.
Der Eiffelturm	ist	....	Meter hoch.
Der Suezkanal	ist	....	Meter breit.
Die Nordsee	ist	....	Meter tief.
Die Chinesische Mauer	ist	....	Kilometer lang.
Fußballplätze	sind	....	Quadratmeter groß.
In dieser Flasche	sind	....	Liter Sekt.

Maße und Gewichte:
Singular = Plural
z. B.: 1 **Meter** *oder* 10 **Meter**

2 Informationen über Länder

2.1 **Lesen Sie die folgenden Informationen zu Deutschland, Österreich und der Schweiz, ergänzen Sie die Maßangaben und markieren Sie die Länder.**

Zugspitze

Bodensee (Immenstadt)

Rhein (Burg Ehrenfels)

1.	A CH D	Dieses Land ist von Norden nach Süden 876 ....km.... lang.
2.	A CH D	In Berlin ist es im Januar durchschnittlich −0,7 .... kalt.
3.	A CH D	Die Zugspitze ist 2962 .... hoch.
4.	A CH D	Der Bodensee ist 538,5 .... groß und bis zu 252 .... tief.
5.	A CH D	Der Bodensee liegt 345 .... über dem Meer.
6.	A CH D	In Luzern ist es im Juni durchschnittlich 18,2 .... warm.
7.	A CH D	Wien hat eine Fläche von 415 ....
8.	A CH D	Dieses Land ist 41293 .... groß.
9.	A CH D	Der Rhein ist insgesamt 1320 .... lang.
10.	A CH D	Von Berlin nach Wien braucht man mit dem Flugzeug eine ....
11.	A CH D	Der Intercity-Express braucht von Hamburg nach Frankfurt (535 ....) drei .... und 38 .... Er fährt bis zu 280 .... schnell.

Luzern (Kapellbrücke)

Wien (Stephansdom)

Berlin (Quadriga und Reichstagskuppel)

⚠ In Texten schreibt man *Meter, Stunde, Minute, Sekunde* oft aus.

2.2 **Was wissen Sie über Ihr Land? Schreiben Sie Fragen und Antworten. Lesen Sie Ihre Fragen vor, Ihr Kursleiter / Ihre Kursleiterin antwortet.**

Wie lang / hoch / breit ist ...?

Wie lange braucht man von ... bis ...?

Wie kalt / warm ist es in ... im Winter?

Wie groß ist ...?

3 Vergleichen

3.1 Schauen Sie die Bilder an und hören Sie zu.

\+ Ist das dein Fahrrad?
– Gefällt es dir? Es hat 28 Gänge!
Mehr als ein Rennrad.

\+ Super! Wie lange hast du das schon?
– Äh, ich fahre damit schneller in die Stadt
als die Straßenbahn!

\+ Wie teuer war es denn?
– 2000,- Euro! Ein Sonderangebot.
Es war billiger als ein Moped.

* Entschuldigung, ich möchte wegfahren.
Kann ich bitte zu meinem Fahrrad?

3.2 Üben Sie nun die Szene zu dritt ein. Achten Sie auf die Intonation.

3.3 Ergänzen Sie die Lücken. Nummer 3.1 hilft.

1. Fahrräder sind billiger als Autos, aber dieses Fahrrad kostet .... als ein kleines Auto. Es kostet 12.000 Euro.

2. Autos fahren schnell, aber dieser Zug fährt .... als die meisten Autos. Er fährt bis zu 430 km/h.

3. Straßenbahn fahren ist nicht teuer, aber Fahrrad fahren ist .... als Straßenbahn fahren. Man braucht keine Fahrkarte.

C 70, 71, 72

3.4 Komparation. Welche Adjektive kennen Sie noch? Ergänzen Sie an der Tafel.

Adjektiv	Komparativ mit -er	Adjektiv	Komparativ mit Umlaut + -er	Adjektiv	Komparativ unregelmäßig
schnell	schneller	lang	länger	gut	besser
billig	billiger	kalt		hoch	höher
teuer	teurer	kurz		gern	lieber
schwer				viel	

3.5 Welche Komparative passen? Ergänzen Sie und vergleichen Sie im Kurs.

1. China hat ....mehr.... Einwohner als Österreich
2. Eine Maus ist .... als ein Elefant.
3. Der Nein-Sager ist .... als Anna Zawadzka.
4. Berlin ist .... als Frankfurt.
5. Kaffee schmeckt .... als Wasser.
6. Der Bodensee ist .... als die Nordsee.
7. Ein Fußball ist .... als ein Tennisball.
8. Die Donau ist .... als der Rhein.
9. In Russland ist es .... als in Brasilien.
10. Michael Schumacher fährt .... als ein Busfahrer.

schöner, größer, kleiner, süßer, älter, ~~mehr~~, besser, länger, schwerer, schneller, kälter, bitterer, dicker, hässlicher, schlechter

3.6 Der „Nein-Sager". Wie geht es ihm? Hören Sie die CD und sprechen Sie nach. Achten Sie auf die Intonation.

Mir geht es schlecht.
Ich bin alt.
Ich bin hässlich.
Ich finde alles langweilig.

Ich verdiene wenig.
Mein Auto ist alt.
Mein Haus ist klein.
Mein Hund ist krank.

...

3.7 Seinem Freund geht es schlechter. Spielen Sie im Kurs und vergleichen Sie mit der CD.

3.8 Was sagen der „Ja-Sager" und sein Freund?

3.9 Beantworten Sie diese Fragen im Kurs. Messen Sie dann nach.

1. Welche Figur ist größer als die anderen: A, B oder C?

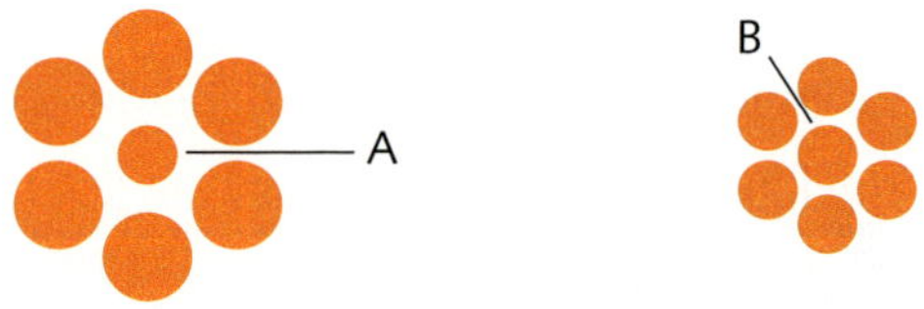

2. Welcher Punkt ist größer: A oder B?

3. Welche Strecke ist länger: A oder B?

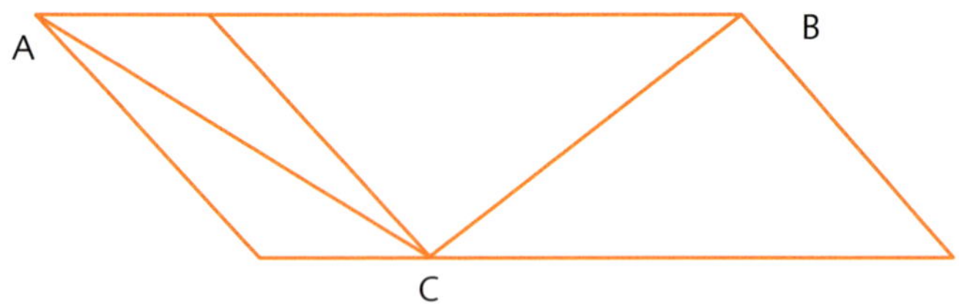

4. Welche Strecke ist kürzer: AC oder BC?

3.10 Ergänzen Sie *wie* oder *als*.

A = B	A ist (genau) **so** lang **wie** B.
A > B	A ist **länger als** B *oder* B ist **nicht so** lang **wie** A.

1. Anna ist größer .... Claudine.
2. Frau Müller ist kleiner .... Tom.
3. Bernard ist genauso groß .... Mehmed.
4. Tom spricht so gut Deutsch .... Ludmilla.
5. Aber Claudine spricht nicht so gut .... Tom.
6. Und Eva spricht besser Deutsch .... Ludmilla.
7. Mehmet trinkt mehr Tee .... alle anderen.
8. Wer isst mehr Schokolade .... Frau Müller?

3.11 Schreiben Sie einen Text über sich selbst wie im Beispiel.

Ich bin älter als mein Bruder.
Ich esse lieber Fleisch als Fisch.
Ich spiele besser Fußball als Tennis.
Ich kann besser singen als tanzen.
Früher hatte ich mehr/weniger ... als heute.
Ich trinke so viel wie ein Kamel.
Ich schwimme nicht so gut wie ...
Ich kann genauso ...
Ich bin nicht so ...

4.1 Wer kann es am besten? Spielen Sie im Kurs.

In Ulm, um Ulm und um Ulm herum.

1. Wer kommt am weitesten? Nehmen Sie ein Streichholz und legen Sie es auf den Tisch. Blasen Sie.
2. Wer kann diesen Satz am schnellsten ohne Fehler sprechen?
3. Wer pfeift am längsten? Pfeifen Sie einen Ton, so lang Sie können.

4. Wer schätzt am genauesten? Schließen Sie die Augen. Ihr/e Lehrer/in sagt: „Los!" Sagen Sie „Stopp!", wenn Sie glauben, dass eine Minute vorbei ist.
5. Wer findet die meisten Wörter? Wählen Sie einen Buchstaben. Sie haben eine Minute Zeit. Schreiben Sie deutsche Wörter auf, die mit diesem Buchstaben beginnen.

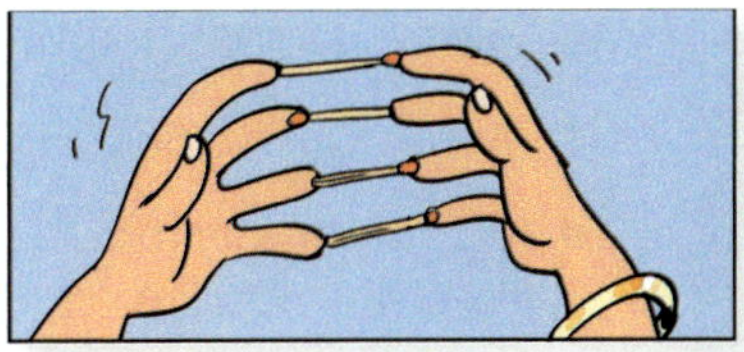

6. Wer kann es am schnellsten? Nehmen Sie vier Streichhölzer so wie im Bild zwischen die Finger.
7. Wer kommt am nächsten? Markieren Sie eine Linie auf dem Boden. Gehen Sie hinter die Linie. Ihr/e Lehrer/in wirft die erste Münze. Werfen Sie Ihre so nah wie möglich an die erste.

C 70–72

4.2 Adjektiv, Komparativ, Superlativ. Machen Sie eine Tabelle im Heft wie im Beispiel.

schnell · gut · kurz · interessant · hoch · viel · gern · langsam · aktiv · langweilig · stark · genau · freundlich · laut · attraktiv · nah · unregelmäßig · alt · weit · leicht · systematisch · groß

	Adjektiv	Komparativ	Superlativ
regelmäßig	schnell	schneller	am schnellsten
	…	…	…
mit Umlaut	kurz	kürzer	am kürzesten
	…	…	…
unregelmäßig	gut	besser	am besten
	…	…	…

4.3 Rekorde: Schreiben Sie die Fragen. Ordnen Sie dann die Antworten den Fragen zu.

1. ☐ Welche Insel ist ...am größten... (groß)?
2. ☐ Welche Uhr geht .... (genau)?
3. ☐ Welche Milch ist .... (teuer)?
4. ☐ Welcher Ortsname ist .... (kurz)?
5. ☐ Welche Bäume werden .... (alt)?
6. ☐ Welcher Berg ist .... (hoch)?
7. ☐ Welcher Mensch war .... (schwer)?
8. ☐ Welches Insekt ist .... (laut)?
9. ☐ Welcher Zug fährt .... (schnell)?

- **a.** Die Zikade
- **b.** Grönland (2 175 000 km^2)
- **c.** Mount Everest (8848 m)
- **d.** Jon Brower Minnoch (1941-83 / 635 kg)
- **e.** Y (ein Dorf in Frankreich)
- **f.** Mäusemilch: (1 l kostet 20 000 Euro)
- **g.** Kalifornische Mammutbäume (über 4000 Jahre)
- **h.** Atomuhren wie z.B. in Braunschweig (1 Sek. Abweichung in 5 Mio. Jahren)
- **i.** Der Transrapid (430 km/h)

4.4 Arbeiten Sie zu zweit. Fragen und antworten Sie. Berichten Sie im Kurs.

1. Welches Buch finden Sie am langweiligsten?
2. Welchen Sport finden Sie am interessantesten?
3. Welche Musik gefällt Ihnen am besten?
4. Welches Essen mögen Sie am liebsten?
5. Welchen Film finden Sie am lustigsten?
6. Was trinken Sie am meisten?
7. ...

5 Die Welt im Deutschkurs

5.1 Lesen Sie den Text von Frau Müller über ihre Heimatregion.

Meine Heimatstadt heißt Aschaffenburg. Die Stadt hat 67 000 Einwohner und liegt im Norden von Bayern. Sie liegt am Main – genauso wie Frankfurt. Von Aschaffenburg bis Frankfurt sind es ungefähr 40 km. Im Osten von Aschaffenburg liegt der Spessart. Das ist ein Gebirge mit sehr viel Wald. Die Stadt ist ungefähr 1500 Jahre alt. Ein bekanntes Gebäude ist das Schloss „Johannisburg". Aber mein Lieblingsort in der Stadt ist der Park „Schönbusch". Da ist es wirklich am schönsten! Ernst Ludwig Kirchner (1880) ist hier geboren. Er war Maler und ist auch heute noch bekannt.

5.2 Schreiben Sie einen Text über Ihre Heimatstadt oder -region. Hängen Sie die Texte im Kurs auf.

Meine Heimatstadt heißt ....
Die Stadt hat ... Einwohner und liegt ...

Ort/Position	Umgebung	Plätze/Gebäude/Sehenswürdigkeiten	Personen
– Meine Heimatstadt heißt ... – ... ist ... Jahre alt. – Es gibt ... Einwohner. – ... liegt im Norden/Süden/Osten/Westen von ... – ... liegt in der Nähe von ...	– ... liegt am/an der ... – In der Nähe gibt es einen Berg/einen See/ein Meer ...	– ... ist am schönsten. – Am bekanntesten ist ... – ... gefällt mir am besten. – Ein bekanntes Gebäude ist ... – Mein Lieblingsort ist ...	– ... war/ist Maler/Politiker/Schriftsteller – ... ist bekannt für ... – ... hat ... Jahre in ... gelebt. – Heute ist ... sehr populär.

So geht's

Kommunikation

Vermutungen äußern

Ich vermute, Ich glaube, Ich meine,	der Mann ist fast zwei Meter groß. dass der Mann fast zwei Meter groß ist.

vergleichen

Tom hat gestern zwei Stunden Deutsch gelernt, **genauso** lang **wie** Anna
Mehmed hat läng**er als** Anna gelernt.
Und Eva hatte wenig Zeit. Sie hat **nicht so** lang **wie** Tom und Anna gelernt.
Wei hat am längsten gelernt.

Grammatik

Adjektiv – Komparativ – Superlativ

	Adjektiv	Komparativ	Superlativ
regelmäßig	schnell	schnell**er**	am schnell**sten**
mit Umlaut	kurz	k**ü**rzer	am k**ü**rz**esten**
unregelmäßig	viel	mehr	am meisten
	nah	näher	am nächsten
	hoch	höher	am höchsten
	gut	besser	am besten
	gern	lieber	am liebsten

Bei manchen Adjektiven kommt im Superlativ wegen der Aussprache ein **e** dazu:
kurz – am kürz**e**sten,
alt – am ält**e**sten

⚠ teuer – teurer

Lernen lernen

A 28.2 **Wichtige Informationen finden und wiedergeben: Text → Stichwort → Text**

Schreiben Sie Stichwörter zu einem Text aus dem Kursbuch auf. Rekonstruieren Sie dann aus diesen Stichwörtern den Text.

Innsbruck ist eine Universitäts- und Kongressstadt mit 115 000 Einwohnern. Die Stadt ist 800 Jahre alt, die Universität über 300 Jahre. Innsbruck ist die Hauptstadt von Tirol und liegt in den Bergen im Westen Österreichs, etwa 100 Kilometer südlich von München. Touristen sehen sich oft das Alte Rathaus an. Es ist fast 650 Jahre alt.

↓

Innsbruck / Hauptstadt Tirol / Österreich
115 000 Einwohner / Universität
800 Jahre / ...

→

Innsbruck liegt in Österreich
und ist die Hauptstadt von Tirol.
Die Stadt hat ...

Einheit 3: *Auf Reisen*

- Gefallen und Missfallen ausdrücken
- über Vorteile und Nachteile von Reisezielen sprechen
- Informationen auf dem Bahnhof erfragen
- Personalpronomen im Dativ
- unbestimmter Artikel im Dativ

1 **Betrachten Sie die Collage und sammeln Sie Wörter zum Thema Urlaub.**

Zahnbürste

lang schlafen

Urlaub

Sonne

…

2 **Berichten Sie von einem Urlaub: Wer? Mit wem? Wo? Wie lange? Wie war's? Wetter?**

Mein Bruder und ich waren am Bodensee …

Es war sehr schön, weil das Wetter …

1 Urlaubsplanung

1.1 Im Reisebüro. Lesen Sie die Satzanfänge 1–6, hören Sie dann den Dialog und ergänzen Sie.

1. Herr und Frau Schulz möchten …
2. Die Angestellte im Reisebüro empfiehlt zuerst eine …
3. Frau Schulz findet, dass Thailand …
4. Herr Schulz möchte nicht nach Österreich, weil …
5. Frau Schulz möchte nicht nach Griechenland, denn …
6. Die Reiseberaterin findet Spiekeroog wunderbar, weil …

1.2 Lesen Sie den Dialog und schreiben Sie ihn zu Ende. Sprechen Sie Ihren Dialog dann zu zweit.

– Guten Tag. Kann ich Ihnen helfen?
+ Ja, mein Mann und ich, wir möchten gern 14 Tage Urlaub machen. Können Sie uns etwas empfehlen?
– Ja, Moment bitte. Kennen Sie Thailand? Da ist es sehr schön und es gibt preiswerte Pauschalreisen.
+ Das ist zu weit...
– Und Italien? Wie finden Sie Italien?
+ Ja, schön … Aber ich weiß nicht, da waren wir schon dreimal.
– Dann etwas ganz anderes, wie wäre es mit Österreich?
Da habe ich ein paar super Angebote. Aktivurlaub: Man kann wandern, Golf spielen, schwimmen …
+ Ich mag Österreich ja sehr, aber mein Mann findet, dass das Wetter dort zu unsicher ist.
– Vielleicht gefällt Ihnen Griechenland besser? Da ist es schön warm und es gibt viele Sehenswürdigkeiten.
+ Ja, das gefällt meinem Mann. Aber mir nicht. Da ist es viel zu heiß. Ich habe eine Sonnenallergie. Wo machen Sie eigentlich Urlaub?
– Ich war im August an der Nordsee auf der Insel Spiekeroog. Das Wetter war gut. Keine Autos. Himmlische Ruhe. Es war wunderbar!
+ Nordsee? …
– …

1.3 Wohin möchten Sie gerne fahren? Wohin möchten Sie nicht reisen? Wählen Sie einen Ort/ein Land als Ziel. Wählen Sie auch einen Ort/ein Land, wohin Sie nicht fahren wollen.

Welches Land/welcher Ort gefällt dir/Ihnen?	Mir gefällt …
Wohin möchtest du/möchten Sie gern mal fahren?	Ich möchte gern mal nach …
Gefällt dir/Ihnen auch …?	Ja, das finde ich gut./Nein, das gefällt mir nicht.

1.4 Über Vorteile und Nachteile von Reisezielen nachdenken. Wohin fahren Sie, wohin fahren Sie nicht? Schreiben Sie die Gründe auf.

Vorteile	**Nachteile**
Das Wetter ist immer gut. Es gibt viele Sehenswürdigkeiten, historische Gebäude, ... z. B. ... Die Landschaft/Das Essen ... ist wunderbar/fantastisch ... Man kann dort Vulkane/Giraffen/... sehen. Die Menschen sind nett/freundlich/fröhlich	Das Wetter ist unsicher./Es regnet oft. ... Das Essen schmeckt mir nicht. Dort ist ... (zu) teuer. Es ist (sehr) weit weg. Ich habe Angst vor Krankheiten. Ich verstehe kein Spanisch/Chinesisch/Hindi ... ...

1.5 Arbeiten Sie in Gruppen. Wählen Sie ein gemeinsames Reiseziel. Fragen und antworten Sie im Kurs.

Welches Land/welcher Ort gefällt euch/Ihnen?	Uns gefällt ...
Wohin fahrt ihr/fahren Sie?	Wir fahren gerne nach ...
Was gefällt euch/Ihnen ... ?	... finden wir gut./... gefällt uns.
Wie fahrt ihr/fahren Sie in den Urlaub?	Wir fahren mit dem Bus/dem Auto/der Bahn.

mit + Dativ

1.6 Für ein Reiseziel werben – Schreiben Sie einen kleinen Text für Ihr Ziel wie im Beispiel.

Besuchen Sie Hamburg!
In Hamburg gibt es viel Kultur: viele Museen, Theater, Musicals und die Oper. Man kann in Hagenbecks Tierpark gehen oder in die Bars, Restaurants und Diskotheken im Vergnügungsviertel Sankt Pauli. Mögen Sie Fußball? Hier spielen zwei deutsche Fußballvereine, der HSV und Sankt Pauli. Sehr interessant ist auch eine Fahrt mit dem Schiff durch den Hafen. Man kann dort viele Containerschiffe sehen und mit Glück auch das Passagierschiff Queen Mary II.

2 Personalpronomen im Dativ

C 53/54

2.1 Lesen und hören Sie die Dialoge. Ergänzen Sie die Personalpronomen im Nominativ und Dativ in der Grammatiktabelle.

Dialog 1
Jörg: Hallo Eckhard.
Eckhard: Hallo Jörg. Wie geht's dir?
Jörg: Gut, danke. Und dir? Wie hat euch der Urlaub gefallen?
Eckhard: Wie es uns gefallen hat? Ach, das Wetter war prima, 25 Grad! Ich war jeden Tag am Strand. Aber das Essen im Hotel hat mir nicht geschmeckt. Sabine hat es überhaupt nicht gefallen. Das Wasser war ihr zu kalt und die Insel war ihr zu langweilig. Und wie hat dir der Urlaub gefallen?
Jörg: Ich war gar nicht im Urlaub. Ich habe gearbeitet.

Dialog 2
Jörg: Hallo Susanne.
Susanne: Hallo Eckhard. Na, was gibt es Neues?
Jörg: Eckhard und Sabine waren auf Spiekeroog. Aber es hat ihnen nicht gefallen. Ihm hat das Essen nicht geschmeckt und ihr war das Wasser zu kalt.
Susanne: Ich möchte auch mal wieder in Urlaub fahren!

	Personalpronomen	Nominativ	Akkusativ	Dativ
Singular	1. Person	ich	mich	....
	2. Person	....	dich	....
	3. Person	..... / es /	ihn, es, sie	..... / ihm / .....
Plural	1. Person	....	uns	....
	2. Person	....	euch	....
	3. Person / formelle Anrede	..... /	sie / Sie	..... / Ihnen

2.2 Ergänzen Sie die Personalpronomen.

1. – Hilfst du ...mir... (ich)? + Na klar. Ich helfe .... (du) gern.
2. – Hat .... (Sie) der Urlaub gefallen? + Ja, danke. Er hat .... (wir) sehr gut gefallen.
3. – Klaus hat heute Geburtstag. Hast du .... (er) schon gratuliert?
4. – Wem gehört das Fahrrad? + ... (sie).
5. – Schmeckt .... (ihr) der Salat? + Ja, danke, er schmeckt .... (ich) sehr gut. Und .... (du), Sabine?
6. Herr Chaptal kann die neuen Wörter benutzen. Seine Frau hat mit .... (er) gelernt.
7. + Herr und Frau Petersen waren gestern sehr krank. – Und wie geht es .... (sie) heute? + Wieder besser.
8. + Das Kind kann die Schuhe noch nicht zumachen. Kannst du .... (es) helfen?

2.3 Schreiben Sie die Sätze in der richtigen Reihenfolge. Schreiben Sie danach zwei Sätze in der falschen Reihenfolge als Aufgabe für Ihre Partnerin/Ihren Partner.

1 helfen > kann > Ihnen > ich > ?
2 mir > der Urlaub > hat > gefallen > gut
3 dir > wie > es > geht > ?
4 gehört > das Fahrrad > ihm > nicht
5 ihnen > die Pizza > schmeckt

Kann ich Ihnen helfen?

2.4 **Ein Würfelspiel mit Personalpronomen im Dativ. Spielen Sie zu viert mit einem Würfel. Spieler 1 sucht ein Verb aus. Spieler 2 würfelt und bildet einen kompletten Satz. Spieler 2 sucht ein Verb aus. Und so weiter. Wer zuerst zehn Richtige hat, hat gewonnen.**

schmecken > gefallen > helfen > gehören > gratulieren

ich — du — er/es/sie — wir — ihr — sie/Sie

Schmeckt dir der Kaffee?

2.5 **Akkusativ oder Dativ? Ergänzen Sie die Personalpronomen.**

Entschuldigung, gehört der Koffer …… ?

Und? Wie hat …… Berlin gefallen?

Wo ist Ute? Siehst du …… ?

Hat …… das Essen bei Tante Helga auch so gut geschmeckt?

Ich liebe …… !

Kann ich …… helfen?

Hast du das Geschenk? Ich habe …… nicht.

Ich brauche den Stadtplan. Hast du …… ?

Info: Wenige Verben brauchen den Dativ, z.B. ***helfen*** *und* ***gehören****. Viele Verben brauchen den Akkusativ, z.B.* ***brauchen****,* ***sehen*** *und* ***lieben****.*

2.6 ***Klatsch am Sonntagmorgen:*** **Hören Sie das Gedicht. Lesen Sie es dann vor. Imitieren Sie die Intonation der CD.**

Wer mit wem?
Die mit dem!
Der mit der?
(Ohne Gewähr)
Sie und er?
Der und er?
Wer ist wer?
Wir mit ihr?
Sie mit dir!
(Am Klavier!)
Du mit ihm!
Sie mit *him*!
Ich und du?
Who is who?

Horst Bienek

2.7 **Ändern Sie jetzt die Intonation. Lesen Sie das Gedicht traurig, lustig, wütend.**

3 Unbestimmter Artikel im Dativ

3.1 Urlaubsgrüße aus Berlin. Lesen Sie die Postkarte. Wo sind Andrea und Holger? Was haben sie gemacht? Was machen sie noch?

Berlin, den 15.08.2006

Liebe Franziska,
wie geht es Dir? Uns geht es super. Wir sind in Berlin und wohnen in einem Hotel direkt im Zentrum. Heute Morgen sind wir im Reichstag gewesen. Das war schön. Aber es gibt sehr viele Touristen hier. Jetzt sitzen wir in einem Straßencafé und trinken Kaffee. Das Wetter ist super, 28 Grad! An einem Tag waren es sogar 33 Grad, aber das war mir zu warm. Gestern hatte Holger Kopfschmerzen und ist im Hotel geblieben. Deshalb bin ich alleine in einem Museum gewesen. Ich habe dort einen Bekannten aus der Schule getroffen. Wir waren dann zusammen in einer Bar. Wir haben viel getrunken und sehr viel gelacht.
Abends war ich wieder im Hotel. Morgen fahren wir nach Potsdam. Und übermorgen gehen wir ins Theater. Wir bleiben noch vier Tage und dann fahren wir leider wieder zurück.

Liebe Grüße, bis bald Andrea

Franziska Lammert
Gutenbergstraße 38 a
55124 Mainz

Kuppel vom Reichstag

Info: Berlin ist die Hauptstadt Deutschlands, eins der 16 Bundesländer und zugleich auch die größte Stadt in Deutschland mit 889 km² Fläche und etwa 3.4 Millionen Einwohnern. Die Region Berlin-Brandenburg hat außerdem das größte Netz an Wasserwegen in Europa: 5 Flüsse und 6 Kanäle mit einer Gesamtlänge von mehr als 180 km. Dazu 30 km² Seen. 2004 gab es über 13 Millionen Übernachtungen in Berlin und mehr als 1,3 Millionen ausländische Gäste. Die meisten ausländischen Touristen kommen aus Großbritannien, den USA, Italien und den Niederlanden.

C 42

3.2 Ergänzen Sie die Tabelle. Die Artikel finden Sie im Text 3.1.

	bestimmter Artikel im Dativ	unbestimmter Artikel im Dativ
Maskulinum	dem	....
Neutrum	dem	....
Femininum	der	....
Plural	den	–

3.3 Fragen und antworten Sie im Kurs.

- Fahren Sie mit einem Auto / einem Fahrrad / einem Bus … zum Kurs?
- Wann waren Sie das letzte Mal in einer Disko / in einem Museum / Kino / Theater…?
- Haben Sie schon einmal mit einer deutschen Ärztin / einem deutschen Polizisten / Pfarrer / Touristen … gesprochen?
- Wie oft sind Sie schon auf einer Kuh / einem Pferd / Kamel / Elefanten / Esel … geritten?

3.4 Fragen und antworten Sie zu zweit: Wo findet man eine Mütze / ein Bett / einen Fehler / eine Dose Bohnen / eine Lampe / einen Kellner / ein Nilpferd …?

Wo findet man eine Mütze?

Auf einem Kopf.

3.5 Schreiben Sie jetzt selbst eine Urlaubspostkarte. Beantworten Sie dabei die Fragen.

Wo sind Sie? (in einer Stadt / in einem Dorf / bei Freunden …)
Wo wohnen/übernachten Sie? (in einem Hotel / in einer Pension / auf einem Campingplatz …)
Wie ist das Wetter?
Wo sind Sie gewesen? (im Museum / im Restaurant / im Theater / in der Oper …)
Was haben Sie noch vor? (ins Museum / ins Stadion / ans Meer / in die Berge …)

4 Mit der Bahn fahren

4.1 Lesen Sie die Wörter und betrachten Sie die Fotos. Hören Sie dann die CD und schreiben sie die Wörter unter die Bilder.

die Fahrkarte > der ICE-Zuschlag > das Gleis/der Bahnsteig > der Fahrkartenautomat > das Gepäck > der Fahrplan > 1./2. Klasse > der Schalter

1. ....

2. ....

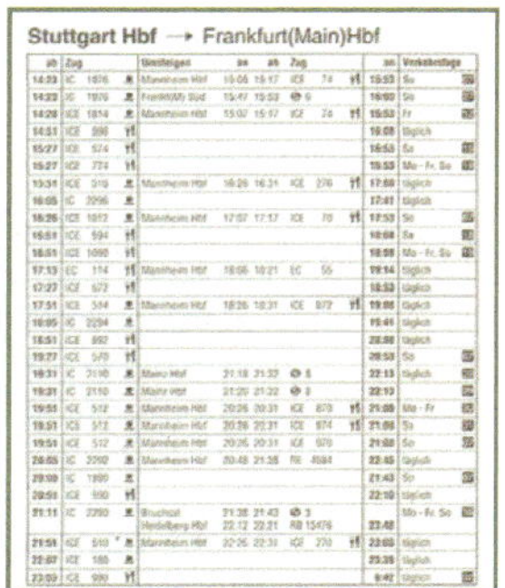

3. ....

4. ....

5. ....

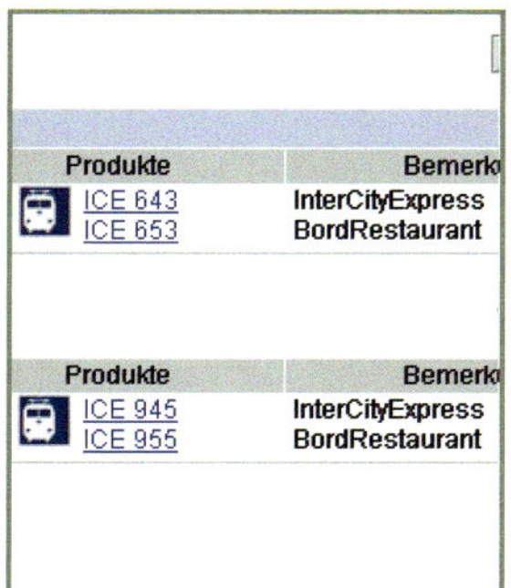

6. ....

7. ....

8. ....

4.2 Hören Sie die Musik. Schließen Sie die Augen und denken Sie an eine Bahnreise.

4.3 Notieren Sie weitere Wörter zum Thema

4.4 Am Schalter im Bahnhof eine Fahrkarte kaufen: Hören Sie den Dialog und sammeln Sie Informationen.

Reiseziel:	Klasse: ....
Fahrt: ☐ einfach ☐ hin und zurück	BahnCard: ☐ ja ☐ nein
Tag:	Preis: ....
ICE: ☐ ja ☐ nein	umsteigen: ☐ ja ☐ nein

4.5 Durchsagen am Bahnhof. Sie wollen mit dem InterCityExpress von Kassel nach München fahren. Auf welche Wörter müssen Sie achten? Kreuzen Sie dann an: Welche Durchsagen sind wichtig für Ihre Fahrt?

Durchsage 1 ☐ 2 ☐ 3 ☐ 4 ☐ 5 ☐ 6 ☐

4.6 Hören Sie die Durchsagen noch zweimal. Notieren Sie die Informationen zu Ihrem Zug nach München und möglichst viele Informationen zu den anderen Durchsagen.

B 18

4.7 Lesen Sie den Dialog. Schreiben Sie einen eigenen Redemittelkasten ins Heft. Variieren Sie dann den Dialog und sprechen Sie Ihren Dialog.

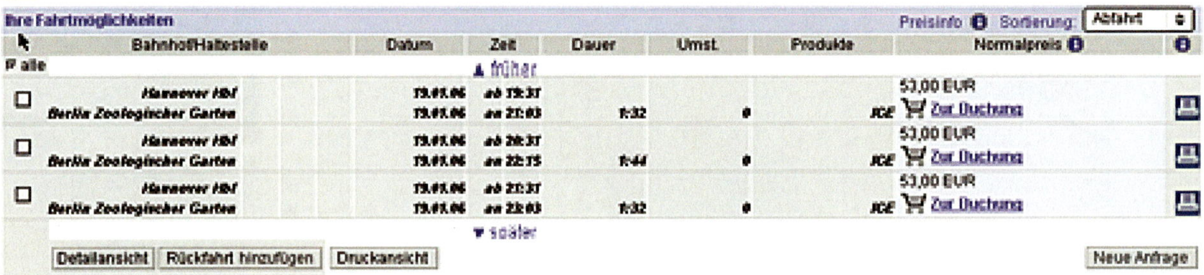

– Guten Abend. Ich brauche eine Fahrkarte von Hannover nach Berlin. Wann fährt der nächste Zug?
+ Guten Abend. Moment – der nächste Zug nach Berlin fährt um 19:31 Uhr ab. Das ist ein ICE.
– Wann kommt der Zug in Berlin an?
+ Um 21:03 Uhr.
– Und was kostet die Fahrkarte?
+ Haben Sie eine BahnCard?
– Leider nein.
+ Die Fahrt Hannover – Berlin kostet ohne BahnCard 53 Euro in der zweiten Klasse.
– Gibt es eine billigere Verbindung?
+ Ja, um 19:36 Uhr mit dem InterCity und dem Regional Express: 44 Euro. Aber dann sind Sie erst um 22:42 Uhr in Berlin.
– Hm, dann nehme ich den ICE. Muss ich umsteigen?
+ Nein. Das ist eine direkte Verbindung.
– Brauche ich einen Zuschlag?
+ Ja, aber der ist schon im Fahrpreis enthalten.

nach einer Fahrkarte fragen

Ich brauche …
Ich möchte …
Ich hätte gern …

nach Ankunfts- und Abfahrtzeiten fragen

Wann fährt …
Wann kommt der Zug an?
…

nach dem Preis fragen

…

nach Verbindungen fragen

…

- Gut, dann nehme ich die Fahrkarte für den ICE.
+ Zahlen Sie bar oder mit Kreditkarte?
- Bar.
+ Dann bekomme ich 53 Euro.
- Bitte schön.
+ Danke. Und Ihre Fahrkarte. Ihr Zug fährt von Gleis 8 ab. Gute Reise.
- Danke. Auf Wiedersehen.

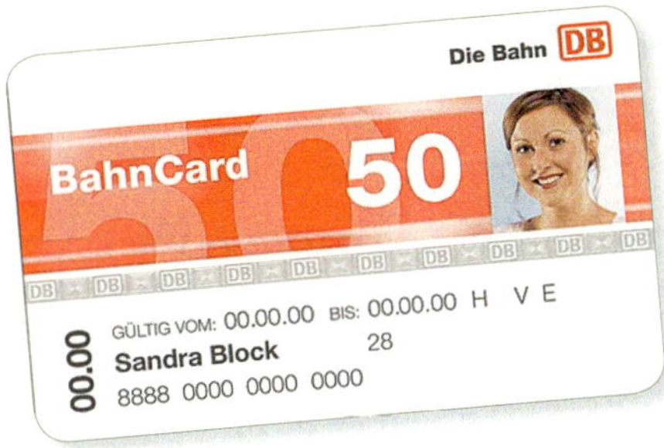

Ich brauche eine Fahrkarte von … nach …
Wann geht/fährt der nächste Zug nach …
…

4.8 Informationen erfragen. Hier sind die Antworten der Reiseberaterin. Ergänzen Sie die Fragen und schreiben Sie den Dialog. Hören Sie zur Kontrolle.

- Der nächste Zug nach Dresden fährt um 14:56 Uhr.
- Sie kommen um 16:21 Uhr in Dresden an.
- Ja. Sie müssen in Hannover umsteigen.
- In der zweiten Klasse 26, 25 Euro mit BahnCard.
- Nein, für diesen Zug nicht. Nur für den InterCityExpress.
- Der Zug fährt von Gleis 8 ab.

5 Reiseandenken

5.1 Die Bilder zeigen beliebte Reiseandenken. Welche kommen aus Deutschland, Österreich und der Schweiz? Welche nicht? Was gefällt Ihnen, was gefällt Ihnen nicht?

5.2 Was sind bei Ihnen beliebte Reiseandenken? Was kaufen Sie gern? Sammeln Sie im Kurs.

So geht's

Kommunikation

über Vorteile und Nachteile von Reisezielen sprechen

+ Ich finde Australien sehr schön.
– Australien gefällt mir nicht. Da ist es zu warm und ich verstehe kein Englisch.
+ Aber die Landschaft ist wunderbar und man kann Kängurus, Koalas und Wombats sehen.
– Ich finde die Landschaft in Norwegen schöner.

Informationen auf dem Bahnhof erfragen

Wann fährt der nächste Zug nach Hannover?
Wann komme ich in Hannover an?
Muss ich umsteigen?
Was kostet die Fahrkarte mit BahnCard?
Brauche ich einen Zuschlag?

Grammatik

Personalpronomen im Dativ

Nominativ	Dativ
ich	mir
du	dir
er, es, sie	ihm, ihm, ihr
wir	uns
ihr	euch
sie / Sie	ihnen / Ihnen

unbestimmter Artikel im Dativ

	Nominativ	Dativ
Maskulinum	ein	einem
Neutrum	ein	einem
Femininum	eine	einer
Plural	–	–

+ Wie hat es dir in Tunesien gefallen?
– Super. Ich bin zweimal auf einem Kamel geritten.

Lernen lernen

Wortschatz aktivieren und vertiefen

– Wählen Sie ein Thema aus (Reise, Hobbys, ...) und wählen Sie eine passende Musik.
– Hören Sie 1–2 Minuten Musik und denken Sie an das Thema.
– Sammeln Sie dann die Wörter zu zweit / in der Gruppe.

Diese Strategie fördert die Konzentration. So können Sie auch zu Hause ein Thema vorbereiten oder wiederholen.

Einheit 4: *Menschen wie du und ich*

- jemanden/etwas beschreiben
- Aussagen beurteilen
- Adjektivdeklination bestimmter Artikel
- Adjektivdeklination unbestimmter Artikel + kein

1. Ich schlafe am liebsten ...

a) 6 Stunden.
b) 7 Stunden.
c) 8 Stunden.
d) mehr als 8 Stunden.

2. So richtig wach bin ich ...

a) nach einer heißen Dusche.
b) nach 15 Minuten.
c) sofort.
d) nach 1 Stunde.

3. Frühstück:

a) Ich kann morgens nichts essen.
b) Ein schneller Kaffee.
c) Brote mit Wurst und Käse.
d) Großes Frühstück mit Brötchen, Müsli, O-Saft.

4. Bei der Arbeit ...

a) fange ich sofort mit den schweren Aufgaben an.
b) spreche ich mit meinen Kollegen.
c) fange ich sofort mit leichten Aufgaben an.
d) trinke ich zuerst einen Kaffee.

5. Nach dem Mittagessen ...

a) bin ich müde.
b) bin ich richtig fit.
c) gehe ich 10 Minuten spazieren.
d) mache ich leichte Arbeiten.

6. Gegen 15 Uhr ...

a) mache ich die letzten Arbeiten für heute.
b) kann ich mich noch gut konzentrieren.
c) bereite ich die Arbeit für morgen vor.
d) habe ich die besten Gespräche.

7. Um 18 Uhr ...

a) mache ich Sport.
b) kann ich noch gut arbeiten.
c) muss ich einkaufen.
d) sehe ich fern.

8. Der Abend ...

a) ist kurz. Ich gehe um 21.30 Uhr schlafen.
b) ist wichtig. Da treffe ich die Familie und Freunde.
c) ist die beste Zeit für Fitness.
d) fängt für mich um 22 Uhr an.

9. Ich kann ...

a) mit 5 Stunden Schlaf auskommen.
b) lange fernsehen.
c) nicht länger als bis 23 Uhr wach sein.
d) bis um 2 Uhr arbeiten.

1. **Nachtmensch oder Frühaufsteher?**
Was für ein Typ sind Sie? Lesen Sie und kreuzen Sie immer eine Aussage an. Die Auswertung finden Sie auf der nächsten Seite.

1 Und wie sind Sie?

1.1 **Zählen Sie Ihre Kreuze. Sie entsprechen dem Typ, wo Sie die meisten Kreuze haben. Wenn Sie z.B. 50 % A und 50 % B angekreuzt haben, treffen beide Typen auf Sie zu.**

A Sie sind ein klassischer Frühaufsteher. Sie brauchen nur wenig Schlaf, eine heiße Dusche und der Tag kann anfangen. Ihnen reicht ein kurzes Frühstück und Sie können schon am Morgen eine schwere Aufgabe lösen. Kein Problem. Sie brauchen aber ein gutes Mittagessen, weil Sie bald Hunger haben. Ein voller Bauch macht müde und mittags fallen Sie in ein tiefes Loch. Jetzt bitte keine wichtigen Diskussionen. Am Nachmittag sind Sie wieder fit und erledigen die vielen kleinen täglichen Arbeiten. Sie machen dann früh Feierabend. Jetzt beginnen schöne Stunden für Sie. Sie machen Sport, treffen ihre guten Freunde oder machen sich einen faulen Abend. Sie haben aber einen kurzen Abend, weil Sie früh ins Bett gehen. Ja, Sie haben viel vom Tag, aber Sie können noch mehr am Abend machen, z.B. am Wochenende.

B Sie sind unglaublich fit. Sie brauchen auch nur wenig Schlaf, aber Sie brauchen ein wenig Zeit zum Aufwachen. Aber dann sind Sie ein aktiver Mensch, den man auch noch spät am Abend anrufen kann. Sie können den ganzen Tag arbeiten wie ein Tier. Aber die Kommunikation ist Ihnen wichtig. Sie arbeiten gerne im Team und auch in Ihrer Freizeit treffen Sie oft Menschen. Sie haben einen großen Freundeskreis und lieben lange Diskussionen bis in die tiefe Nacht. Sie haben eine fantastische Energie. Unser Tipp: Machen Sie auch mal Pause. Jeder Mensch braucht seine Ruhezeiten.

C Sie sind ein sehr strukturierter Mensch. Sie haben immer genug Schlaf. Und weil Sie genug schlafen, sind Sie auch gleich wach. Ihr Tag hat einen genauen Plan. Bei der Arbeit fangen Sie sofort an. Sie sind ein sehr konzentrierter Arbeiter. Sie vermeiden Schwierigkeiten und Überraschungen. Sie wissen, dass man mittags müde ist und gehen spazieren. Sie planen schon weit im voraus. Auch privat: Sie gehen zum Sport, um gesund zu bleiben, nicht, weil es Spaß macht. Und Sie gehen früh schlafen. Sie sind noch nicht müde, aber Sie brauchen Ihren Schlaf. Unser Tipp: Bringen Sie mehr Farbe in Ihr Leben, nehmen Sie nette Kollegen mit zum Spaziergang oder machen Sie mehr Dinge, die einfach nur Spaß machen.

D Sie sind eine echte Nachteule. Sie möchten sehr lange schlafen, weil die Nacht Ihr Tag ist. Der frühe Morgen ist nicht Ihre Zeit und bis Mittag sprechen Sie nur wenig bei der Arbeit. Sie trinken lieber einen starken Kaffee, weil Sie noch gar nicht wach sind. Wichtige Arbeiten erledigen Sie am besten am Nachmittag. Dann kann man voll auf Sie zählen. Wenn Sie einen langen Arbeitstag haben, dann ist das kein Problem für Sie. Ganz im Gegenteil. Dann sind Sie kreativ und sehr konzentriert. Sie können auch noch nachts ein schwieriges Problem lösen. Und privat: Auf Partys sind Sie oft der Letzte. Sie feiern gerne und sind lange fit und aktiv. Aber Vorsicht: Nicht alle Berufe haben gute Arbeitsphasen für Nachtmenschen. Versuchen Sie manchmal früher schlafen zu gehen und früher fit bei der Arbeit zu sein. Dann haben Sie auch früher Feierabend und können Menschen treffen, die meistens um 1 Uhr schon lange schlafen.

1.2 **Überlegen Sie. Welcher Typ ist Ihr Nachbar/Ihre Nachbarin?**

1.3 Sprechen Sie zu zweit.
Stimmt Ihre Vermutung mit dem Testergebnis überein?

1.4 Trifft die Beschreibung auf Sie zu? Diskutieren Sie im Kurs.

Der Test ist gut / zum Teil richtig / (total) falsch.
Die Aussagen sind richtig / falsch / Unsinn, denn …
Ich mache solche Tests gerne / oft / nur manchmal / nie, weil …
Das ist doch Blödsinn, weil …
Ich glaube nicht an diese Tests, aber …
Ich glaube, dass …

2 Jemanden / Etwas mit Adjektiven beschreiben

2.1 Wie können Personen sein? Sammeln Sie Adjektive und bilden Sie Gruppen wie im Beispiel.

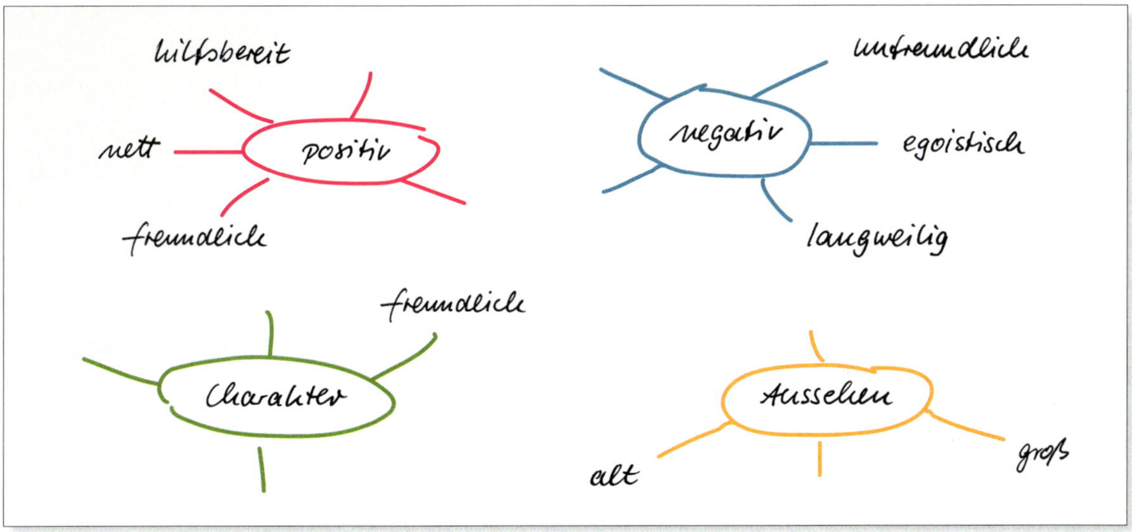

2.2 Beschreiben Sie Personen, die Sie gut kennen. Ihre Frau, Ihren Sohn, Ihre Nachbarn, Ihren Hund …

Meine Frau ist unfreundlich und nicht schön. Aber sie ist reich. Das finde ich toll.

Mein Sohn ist sehr ruhig. Er liest viel und ist sehr intelligent.

C64 / C65

2.3 Lesen Sie die folgenden Sätze. Was ändert sich bei den Adjektiven in B?

A) Das kennen Sie schon:	B) Das ist neu:
Dieser Mann ist *nett*.	Das ist ein *netter* Mann.
Meine Frau ist *hübsch*.	Das ist eine *hübsche* Frau.
Das Kind ist *klug*.	Das ist ein *kluges* Kind.
Ihre Nachbarn sind *freundlich*.	Das sind *freundliche* Nachbarn.

C68

2.4 Schauen Sie sich die Tabelle an und markieren Sie die Endungen der Adjektive.

Adjektive mit dem unbestimmten Artikel und „kein"

Singular:	**Nominativ: Das ist …**	**Akkusativ: Ich habe …**	**Dativ: Ich helfe …**
der Mann	(k)ein netter Mann	(k)einen netten Mann	(k)einem netten Mann
das Kind	(k)ein kluges Kind	(k)ein kluges Kind	(k)einem klugen Kind
die Frau	(k)eine hübsche Frau	(k)eine hübsche Frau	(k)einer hübschen Frau
Plural:	**Das sind …**	**Ich habe …**	**Ich helfe …**
die Nachbarn	freundliche Nachbarn / Frauen / Kinder / Männer keine freundlichen Nachbarn	freundliche Nachbarn / Frauen / Kinder / Männer keine freundlichen Nachbarn	freundlichen Nachbarn / Frauen / Kinder / Männern keinen freundlichen Nachbarn

2.5 Lesen Sie den Brief. Setzen Sie die passenden Adjektive ein. Die Tabelle in 2.4 hilft. Kontrollieren Sie dann mit dem Hörtext.

London, den 05.05.2006

Liebe Elisabeth,

ich bin jetzt seit einer Woche in London. Ich wohne in einer Gastfamilie. Das ist sehr schwierig, weil mein Englisch noch nicht so gut ist. Aber es ist ein .... (gut) Training. Die Familie heißt Rogers. Die Chefin im Haus ist die Oma, Hazel. Sie ist eine .... (alt) Frau (bestimmt schon 90!), sie hat einen .... (gut) Charakter und ein .... (fantastisch) Temperament. Sie ist eine sehr .... (lustig) Frau. Sie hat einen sehr .... (ruhig) Sohn. Er heißt Henry und ich finde ihn toll. Von so einem .... (nett) Mann habe ich immer geträumt. Aber Henry ist verheiratet. Seine Frau heißt Rita. Sie ist ca. 50 Jahre alt, und sie ist immer noch eine sehr .... (schön) Frau. Sie hat mir erzählt, dass Henry ihr oft .... (rot) Rosen schenkt. Mit so einem .... (romantisch) Mann muss das Leben schön sein. Henry und Rita haben schon .... (erwachsen) Kinder. Die Tochter Beth wohnt in einer .... (klein) Stadt in der Nähe von London, der Sohn Jeremy studiert in Liverpool. In London kann man keine .... (billig) Wohnung kaufen, hier ist alles sehr teuer.

Das nächste Mal berichte ich dir vom Sprachkurs. Aber da gibt es keine .... (interessant) Männer. Schade!

Liebe Grüße

Barbara

2.6 Ein Spiel: Leute beschreiben. Wer trägt heute was?

Er / Sie trägt eine graue Hose und ein blaues T-Shirt.

2.7 Lesen Sie den Text und sehen Sie die Männer an. Wen sucht Bea?

Sascha ist ein kleiner Mann und er …

Wo bist du?

Suche einen jungen (ca. 20–25), großen (ca. 1.85 m) Mann mit braunen Haaren. Du warst am Freitag, 03.03. in der Disko „Florian". Du hattest eine schwarze Jeans und ein rotes T-Shirt an und warst mit deinem Freund da. Du hast oft zu mir geschaut. Ich bin 1,65 m groß, habe blondes, langes Haar und habe ein hellblaues Kleid getragen. Melde dich, ich möchte dich wiedersehen. Bea (22), Chiffre: Treff_44316

2.8 Traummänner und Traumfrauen – Wer sucht wen? Sehen Sie sich die beiden Personen an. Beide suchen einen neuen Partner. Wie müssen die Personen sein? Sammeln Sie und hören Sie dann die Aussagen.

Sie will einen kultivierten Mann.

Er sucht bestimmt eine ruhige Frau.

Nein, das glaube ich nicht …

- nett
- männlich
- zärtlich
- sensibel
- mutig
- lustig
- leidenschaftlich
- kultiviert
- ruhig
- temperamentvoll
- …

Info: *Welche Eigenschaften finden die Deutschen am wichtigsten? Eine Umfrage bei Singles hat ergeben, dass die deutschen Männer bei den Frauen die Eigenschaften natürlich, ehrlich, humorvoll und tolerant am wichtigsten fanden. Dabei müssen nicht alle Frauen wie ein Model aussehen. Viele Männer mögen Frauen mit einer normalen Figur. 99 % sagen, dass eine Frau nicht zu schlank sein darf. Und viel Make-Up mögen die Männer gar nicht (nur 1 %). Die Frauen schätzen an einem Mann besonders, wenn er ehrlich, humorvoll, romantisch und charmant ist. Beim Aussehen darf der Mann bei vielen Frauen auch schon einmal einen kleinen Bauch haben (43 %). Nur 15 Prozent sagen, dass er schlank sein soll. (Quelle: Umfrage der Online Dating Plattform match.com vom Dezember 2004)*

3 Tagein – tagaus

Tagein – tagaus
der laute Wecker
das schnelle Frühstück
die heiße Dusche
den vollen Bus
die viele Arbeit
das laute Büro
dem gemütlichen Feierabend
dem kühlen Bier
der netten Kneipe
die vielen Menschen
immer das Gleiche
das ganze Leben

3.1 Hören und lesen Sie das Gedicht „Tagein – tagaus". Was ist das Thema?

3.2 Ergänzen Sie die Sätze mit den Teilen aus dem Gedicht. Bringen Sie die Sätze in eine sinnvolle Reihenfolge und lesen Sie sie dann laut vor. Eine Person beginnt, dann machen die anderen weiter.

- Um 7.00 Uhr steigt er in den …
- Werner mag die … nicht.
- Die … macht Werner fit.
- Er träumt von dem … und der … und dem …
- Nachts liegt er im Bett und denkt: „Jeden Tag sehe ich mir die … an."
- „Sie stehen auf, arbeiten, schlafen, stehen wieder auf. Es ist immer …"
- Dann ist die Arbeit zu Ende und Werner trifft sich mit seinen guten Freunden.
- „Muss das … so sein?", denkt Werner, „Nein! Morgen ändere ich alles!"
- Das … ist ein grüner Tee und ein Apfel.
- Der … klingelt um 6.30 Uhr.
- Und das … findet er schrecklich.

Der laute Wecker klingelt um 6.30 Uhr.

C67

3.3 Tragen Sie die Elemente aus 3.1 in die Tabelle ein. Markieren Sie die Endungen.

Adjektive mit dem bestimmten Artikel

Singular	**Nominativ**	**Akkusativ**	**Dativ**
der	der laute Wecker	den	dem ....
das	das	das	dem ....
die	die	die	der ....
Plural	**Nominativ**	**Akkusativ**	**Dativ**
die	die vielen Menschen	die vielen Menschen	den guten Freunden

3.4 Welche Adjektive passen? Wählen Sie aus und setzen Sie ein.

teuren
spannenden
alte
neuen
gelben
großen
unfreundlichen
grünen

1. + Hast du den .... Thriller gestern Abend gesehen? – Nein, der .... Fernseher ist genau um acht Uhr kaputt gegangen.
2. + Welchen findest du besser? Den .... oder den .... Pullover? – Pullover? Ich habe gedacht, du ziehst ein Kleid an.
3. + Hast du der .... Kollegin gesagt, dass sie Dienstag anfangen kann? – Natürlich.

– Muss sie sich dann auch bei dem .... Personalchef melden?

4. + Fred, wo sind die .... Gläser von Mutter? – Keine Ahnung. Vielleicht in dem

.... Schrank.

3.5 **Einen Monat später – was hat sich in Werners Leben geändert? Was ist gleich geblieben? Schreiben Sie Sätze aus 3.2 um.**

– Das gemütliche Frühstück ist ein Brötchen, ein Müsli und ein heißer Kaffee.
– Um 8.00 Uhr fährt er mit dem neuen Fahrrad zur Arbeit.

4 Mit Lernplakaten arbeiten und üben

4.1 **Wie werden die Adjektive vor Nomen gebildet? Gestalten Sie ein Lernplakat zum bestimmten oder zum unbestimmten Artikel. Was muss man beim Lernen beachten?**

Adjektive mit der, das, die ...

Nominativ			Akkusativ	
Der	nett-**e**	Mann heißt Holger.	Ich mag den	nett-**en**
Die	alt-**e**	Frau wohnt nebenan.	Wir haben die	alt-**e**
Das	klein-**e**	Kind weint.	Siehst du das	klein-**e**
Die	neu-**en**	Kollegen sind nett.	Habt ihr die	neu-**en**

4.2 **Ergänzen Sie die Lücken mit Adjektiven. Achten Sie auf die Artikel.**

1. + Ich habe gehört, dass du eine Wohnung suchst? – Ja, stimmt. Wir suchen eine ....

Wohnung mit einem .... Wohnzimmer und einem .... Garten.

2. + Das .... Kleid sieht wirklich gut aus. – Danke für das .... Kompliment.

3. + Kommst du zum Fest? – Ja, danke für die .... Einladung.

4. + Musst du heute noch .... Vokabeln lernen? – Nein, aber wir haben

.... Hausaufgaben bekommen. Kannst du mir helfen?

4.3 **Lesen Sie den Text. Was fehlt?**

4.4 **Einen Text interessanter machen. Schreiben Sie den Text noch einmal und benutzen Sie mindestens fünf Adjektive.**

wunderschöne | schicke | interessante | verliebten | alte | belebten | warme | leckeren | sehr teuren | romantischen | neue | fantastische | echter | ...

Liebe Corinna,
jetzt bin ich in Venedig angekommen. Venedig ist eine Stadt. Jeder Tag beginnt mit einem Cappuccino auf dem Markusplatz. Gestern bin ich in eine Boutique gegangen und habe mir einen Sommermantel gekauft. Man gönnt sich ja sonst nichts. Aber es gibt auch viel Kultur, z.B. Museen und eine Oper. Die Oper ist abgebrannt und jetzt haben sie eine Oper gebaut. Die Akustik ist ein Traum. Jeden Abend sitze ich an den Kanälen, genieße die Abendsonne und sehe die Paare. 100 % Romantik!!!
Liebe Grüße Brigitte

4.5 **Schreiben Sie jetzt eine Karte aus einer Stadt, die Ihnen gefällt. Schreiben Sie erst einfache Sätze und ergänzen Sie Adjektive, wo sie passen.**

4.6 **Kontrollieren Sie Ihren Text mit Ihrem Lernplakat.**

So geht's

Kommunikation

etwas beurteilen	**jemanden / etwas beschreiben**
… ist gut / zum Teil richtig / (total) falsch.	Mein Mann ist …
Die Aussagen sind richtig / falsch / Unsinn, denn …	Er hat einen … Charakter
… mache ich gerne / oft / nur manchmal / nie, weil …	Er arbeitet / liest / malt / joggt …
Das ist doch Blödsinn, weil …	Er mag … (nicht).
Ich glaube nicht an …, aber …	…

Grammatik

Adjektive mit dem unbestimmten Artikel und „kein"

Singular:	**Nominativ:** **Das ist …**	**Akkusativ:** **Ich habe …**	**Dativ:** **Ich helfe …**
der Mann	(k)ein netter Mann	(k)einen netten Mann	(k)einem netten Mann
das Kind	(k)ein kluges Kind	(k)ein kluges Kind	(k)einem klugen Kind
die Frau	(k)eine hübsche Frau	(k)eine hübsche Frau	(k)einer hübschen Frau
Plural:	**Das sind …**	**Ich habe …**	**Ich helfe …**
die Nachbarn	freundliche Nachbarn / Frauen / Kinder / Männer keine freundlichen Nachbarn / …	freundliche Nachbarn / Frauen / Kinder / Männer keine freundlichen Nachbarn / …	freundlichen Nachbar**n** / Frauen / Kinder**n** / Männer**n** keinen freundlichen Nachbar**n** / …

Adjektive mit dem bestimmten Artikel

Singular	**Nominativ**	**Akkusativ**	**Dativ**
der Mann	der nette Mann	den netten Mann	dem netten Mann
das Kind	das kluge Kind	das kluge Kind	dem klugen Kind
die Frau	die hübsche Frau	die hübsche Frau	der hübschen Frau
Plural	**Nominativ**	**Akkusativ**	**Dativ**
die Nachbarn	die freundlichen Nachbarn / Frauen / Kinder / Männer	die freundlichen Nachbarn / Frauen / Kinder / Männer	den freundlichen Nachbar**n** / Frauen / Kinder**n** / Männer**n**

Lernen lernen

A 28 **Schreiben üben: Sätze ausbauen**

Ich wohne in einem Haus.
Ich wohne in einem schönen Haus.
Ich wohne mit meiner Familie in einem schönen Haus.
Ich wohne mit meiner großen Familie in einem schönen Haus.

Option 1

— Inhalte der Einheiten 1–4 wiederholen
— Spiele
— ein Diktat
— Phonetik: Rhythmus und Melodie (Wiederholung des Wortakzents, Betonung in langen Sätzen), Aussprache (lange und kurze Vokale)
— Selbstevaluation: Was kann ich?

1 Wortschatz

1.1 Ein Wort passt nicht in die Reihe. Markieren Sie es.

1. Meter > Liter > Kasten > Stunde > Kilogramm > Grad Celsius
2. und > aber > über > denn > weil > dass
3. geträumt > gekommen > verschlafen > gefunden > geben > vergessen
4. dir > mir > euch > ihm > mein > Ihnen
5. schneller > lieber > unter > aktiver > älter > höher
6. am schnellsten > am höchsten > am meisten > am Anfang > am weitesten > am genauesten
7. der **klassische** Frühaufsteher > das **schnelle** Auto > den **netten** Angestellten > die **alte** Stadt > ein **schöner** Urlaub > dem **kranken** Bruder

1.2 Ordnen Sie a–f den Wortreihen 1–6 zu.

a ☐ Adjektive – Komparativ
b ☐ Maße und Gewichte
c ☐ Konjunktionen
d ☐ Verben – Partizip II
e ☐ Personalpronomen – Dativ
f ☐ Adjektive – Superlativ
g ☐ Adjektive – bestimmter Artikel

1.3 Ordnen Sie die Wörter in vier Listen. Ergänzen Sie die Artikel und Pluralformen der Nomen. Wie heißen die Themen?

Seminar > hilfsbereit > Landschaft > umsteigen > Vortrag > nett > Teilnehmer > egoistisch > hin und zurück > sich weiterbilden > Tourist > Kultur > Verbindung > abfahren > Lernziel > sich interessieren für > Programm > Information > zweite Klasse > Pauschalreise > Typ > Sehenswürdigkeit > Gleis > Frühaufsteher > freundlich > Gepäck > Reisebüro > VHS > Zuschlag > Anfänger > Aktivurlaub > übernachten > sensibel

?	?	?	?
das Seminar/-e	hilfsbereit	die Landschaft/-en	umsteigen
...	...	...	...

2 Ein Spiel: Kombinationen raten

2.1 Spielregeln:

1. Spielen Sie zu zweit.
2. Wählen Sie fünf Nomen und fünf Adjektive aus.

der Apfel > die Katze > das Hemd > der Schal > das Kind > die Freundin

dünn > groß > grün > schlau > nett > normal

3. Ordnen Sie jedem Nomen ein Adjektiv zu.

1 Katze – schlau
2 Kind – grün
3 Hemd – ...
4 ... – ...
5 ... – ...

4. Fragen Sie sich gegenseitig:

– **Hast du eine grüne Freundin?**
+ **Nein. Aber hast du ein schlaues Hemd?**
– **Ja.**
+ **Und einen großen Apfel?**
– **Nein. Hast du ...?**

5. Eine Frage zählt nur, wenn die Adjektivendungen stimmen.
6. Wer zuletzt noch eine Kombination hat, hat gewonnen.

3 Nomen, Verben, Adjektive

3.1 Was passt zusammen? Es gibt viele Möglichkeiten. Schreiben Sie sieben Sätze. Wer hat die meisten korrekt deklinierten Adjektive?

Nomen			Verben		Adjektive	
der Beruf	das Argument	die Frau	ankommen	nennen	alt	leicht
der Dialog	das Essen	die Grammatik	finden	schmecken	gut	lustig
der Mann	das Fahrrad	die Oper	gefallen	sprechen	interessant	salzig
der Tanzkurs	das Reise-	die Sprache	kaufen	treffen	kalt	schnell
der Zug	andenken	die Stadt	lernen		langsam	schwer
	das Wetter		machen		langweilig	toll

der Beruf – lernen – interessant
Ich habe einen interessanten Beruf gelernt. 1

der Mann – die Stadt – gefallen – alt – gut
Die alte Stadt gefällt dem Mann sehr gut. 1

4 Vergleiche im Kurs

4.1 Was glauben Sie? Formulieren Sie Vermutungen.

> Wer ist am größten im Kurs?
> Wer hat die längsten Haare?
> Wer hat die schwerste Tasche?
> Wer hat die kleinste Uhr?
> Wer hat die meisten Stifte?
> Wer …

Ich glaube, Tom ist am größten.

Nein. Ich denke, dass Herr Chaptal größer als Tom ist.

4.2 Überprüfen Sie Ihre Vermutungen. Was stimmt?

4.3 Fragen Sie im Kurs und vergleichen Sie Ihre Lösungen:

Wer hat die meisten Geschwister?
die älteste Verwandte?
den jüngsten Onkel?
das größte Haustier?
den kürzesten Weg zum Kurs?
…

5 Partnerdiktat

5.1 Suchen Sie sich einen Partner/eine Partnerin. Setzen Sie sich Rücken an Rücken. Diktieren Sie sich gegenseitig die kleine Geschichte. Das Diktat wechselt nach jedem Satz. A beginnt. Korrigieren Sie sich dann gegenseitig.

A

Ein Mann macht Urlaub in Deutschland. ………… Der Mann geht in einer kleinen Stadt in ein kleines Restaurant. ………… Am liebsten möchte er Pilze essen. ………… Er möchte dem Mann etwas empfehlen. ………… Der Mann versteht kein Deutsch. ………… Da hat der Mann eine Idee. ………… Dann zeichnet der Mann einen großen Pilz auf das Blatt. ………… Der Kellner lächelt und geht weg. ………… Nach einer Minute kommt der Kellner wieder und bringt dem Mann – einen Regenschirm.

B

.... Er spricht aber kein Deutsch. .... Er will dort Mittag essen, denn er hat großen Hunger. .... Der Kellner spricht nur Deutsch. .... Aber der versteht nichts. .... Er kann den Kellner nicht verstehen und auch die Speisekarte nicht lesen. .... Er nimmt ein Blatt Papier aus der Tasche und zieht einen Kugelschreiber aus seiner Jacke. .... Er zeigt dem Kellner die Zeichnung. .... Der Mann glaubt, dass der Kellner ihn verstanden hat. ....

5.2 Lesen Sie sich die Geschichte laut vor. Achten Sie auf Betonungen und Pausen.

5.3 Der Mann zeichnet einen Pilz und bekommt einen Regenschirm. Und Sie – was möchten Sie bestellen? Zeichnen Sie vier Sachen auf ein Blatt. Die anderen müssen raten, was Sie essen oder trinken wollen.

6 Gestern Abend

6.1 Eine kleine Geschichte. Die Spielregeln:

1 Drei Kursteilnehmer (A, B, C) gehen aus dem Kursraum.
2 A kommt zurück und liest den Text aus dem Anhang (Lösung zu 6.1) für sich.
3 B kommt zurück. A erzählt B, was er/sie gelesen hat.
4 C kommt zurück. B erzählt C, was er/sie gehört hat.
5 C erzählt dem Kurs, was er/sie gehört hat. Die anderen Teilnehmer machen sich dabei Notizen.
6 A liest den Text am Ende noch einmal laut vor und die anderen vergleichen mit ihren Notizen.

7 Personen erfinden

7.1 Gemeinsam schreiben

1. Jeder schneidet aus einer Zeitschrift ein kleines Foto einer Person aus und klebt es auf ein Blatt Papier.
2. Die Blätter werden neu verteilt.
3. A gibt der Person einen Namen und gibt das Blatt weiter.
4. B schreibt Alter und Beruf dazu und gibt das Blatt auch weiter.
5. C–H ergänzen neue Informationen:
C – Herkunft und Wohnort
D – Familie (verheiratet/ledig/geschieden, Kinder?)
E – Charakter der Person
F – was die Person (gar nicht) mag
G – was die Person (gar nicht) gut kann
H – ein wichtiges Ereignis aus dem Leben der Person

7.2 Hängen Sie die Blätter im Kursraum auf. Suchen Sie in Partnerarbeit zwei Biografien, die zusammenpassen und spielen Sie kleine Szenen.

A Sie heißt Patricia Morrisson
B Sie ist Gymnastik-Lehrerin und 25 Jahre alt.
C Patricia ist in den USA in Texas geboren und lebt seit drei Jahren in Wien.
D Sie lebt alleine, aber sie hat einen Freund.
E Sie ist freundlich und sensibel.
F Patricia mag Pommes mit viel Ketschup.
G Sie kann nicht Gitarre spielen und auch nicht singen, aber sie kann sehr gut tanzen.
H Vor zwei Jahren ...

8 Phonetik: Rhythmus, Melodie und Aussprache

Rhythmus und Melodie

1. Wortakzent (Wiederholung)

a. Hören Sie, sprechen Sie nach und markieren Sie den Wortakzent.

die Sprache > die Menschen > die Umwelt > lernen > aber > der Deutschkurs > die Freizeit > das Fahrrad > die Volkshochschule > anfangen > aufhören > anrufen > einkaufen > verdienen > erzählen > besuchen > getroffen > interessant > die Methode > informieren

b. Markieren Sie den Wortakzent, lesen Sie laut und hören Sie die CD.

die Gruppe > pünktlich > der Tanzkurs > die Fahrschule > der Liebeskummer > einladen > ausgehen > aufmachen > zumachen > verlieben > verschlafen > erfinden > geträumt

2. Lange Sätze sprechen

a. Hören Sie und sprechen Sie nach.

Ich gehe.
Ich gehe nach Hause.
Ich gehe heute nach Hause.
Ich gehe heute abend nach Hause.
Ich gehe heute abend traurig nach Hause.
Ich und meine Freundin gehen heute abend traurig nach Hause.

b. Machen Sie lange Sätze. Betonen Sie immer das neue Element.

Ich esse.

Ich esse gern.

Aussprache

3. Vokale, Vokale, Vokale: a e i o u ä ö ü – lang und kurz

a. Lesen Sie die Wörter jeder für sich laut.

☐ Bild	☐ bald	☐ Größe	☐ Grüße	☐ leben	☐ lieben
☐ Welt	☐ Wald	☐ Ohr	☐ Uhr	☐ ihn	☐ in
☐ wenn	☐ wann	☐ groß	☐ Gruß	☐ ihm	☐ im
☐ Fliege	☐ Flüge	☐ üben	☐ oben	☐ wen	☐ wenn
☐ Tier	☐ Tür	☐ lesen	☐ lösen	☐ Ostern	☐ Osten
☐ Bar	☐ Bär	☐ kennen	☐ können	☐ Staat	☐ Stadt
☐ froh	☐ früh	☐ mehr	☐ mir	☐ super	☐ Suppe

b. Hören Sie und kreuzen Sie an: Welches Wort hören Sie?

c. Hören Sie noch einmal und sprechen Sie beide Wörter nach.

d. Welche Vokale finden Sie schwierig? Suchen Sie aus der Wortliste im Anhang drei schöne Wörter mit Ihrem Vokal und üben Sie.

mein Vokal ist das lange ö:
Löwe fröhlich Frisör

Selbstevaluation

1. **Lesen Sie die Aussagen links und bearbeiten Sie dann die Aufgaben rechts.**

☐	**1.** Ich kann Gründe nennen.	Warum haben Sie keine Hausaufgaben gemacht?
☐	**2.** Ich kann Argumente für / gegen etwas nennen.	Urlaub in Deutschland 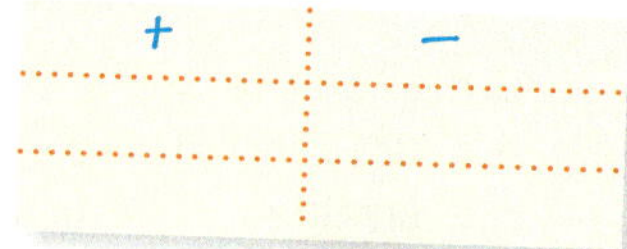
☐	**3.** Ich kann Vermutungen äußern.  ?	  
☐	**4.** Ich kann etwas vergleichen	
☐	**5.** Ich kann Maße und Gewichte benutzen.	 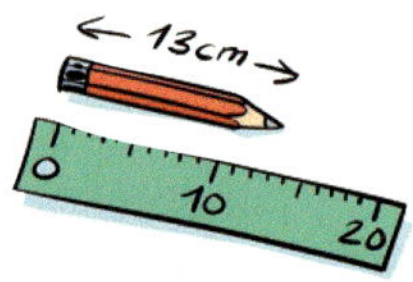 Das Auto fährt … Der Stift ist …
☐	**6.** Ich kann über Vorteile und Nachteile von Reisezielen sprechen	 
☐	**7.** Ich kann Informationen auf dem Bahnhof erfragen	? **Berlin** 
☐	**8.** Ich kann jemanden/etwas beschreiben	

2. **Markieren Sie ✓ für** *kann ich* **und ○ für** *kann ich nicht so gut*.

3. **Korrigieren Sie mit den Lösungen im Anhang. Wie ist Ihr Ergebnis? Ziehen Sie eine Bilanz.**

++	+	–	––

Einheit 5: *In der Schweiz*

- über Freizeitinteressen sprechen
- ein Anmeldeformular ausfüllen
- sagen, wo man ist/war
- sagen, wohin man geht
- Wiederholung: Präpositionen mit Akkusativ und Dativ
- Possessivbegleiter im Dativ
- Wiederholung: Sätze mit Konjunktionen
- *wenn*

Jacobsfenster von Chagall im Fraumuenster

Stadtansicht Zürich

Opernhaus Zürich

Uhrenmuseum Beyer

ZOOh! ZÜRICH

Botanischer Garten Zürich

züritipp

KABARETT & MUSICAL

Liebe: Mit dem Pianisten und Kabarettisten Hagen Rether. Migros-Hochhaus, Limmatplatz. 20h.

Scharf mit alles: Swingendes Musik-Kabarett mit Blues Max (Werner Widmer). Rest. Weisser Wind, Oberdorfstr. 20. 20.15h.

AUSSTELLUNGEN

Einzigart – Plattform für Design: Vernissage. «Yuniic – Design» – Villavieja & Primschitz. Bis 18. März. Josefstr. 36. 16h.

Galerie Image House: Vernissage. Piscinas Públicas. Fotografien von Julia Wellner. Bis 1. April. Hafnerstr. 24. 18–20h.

BÖRSEN & MÄRKTE

Lebensmittelmarkt: Helvetiaplatz, Bürkliplatz, Milchbuck. 6–11h.

LESEN

Lesung mit finnischem Tango: Hyvää Yötä. Von und mit Christian Gasser. Helsinki, Geroldstrasse 35. 21h.

KLASSIKTIPP

Das Ensemble für Neue Musik Zürich (v.) und WWU.

Zürich, Kunsthaus, Vortragssaal
Sa 4.2., 20 Uhr

VORTRÄGE

Liebeslieder an den Schatten: Dissonanz in der Harmonie, Harmonie in der Dissonanz. Von Vickie Dodd. Buchhandlung im Licht, Oberdorfstr. 28. 19–21h.

Die Lehre und Praxis des Medizinbuddha: Von Claude Diolosa. Pädagogische Hochschule, Rämistr. 59. 19.30–21h.

FILM

Nur Filme mit unregelmässigen Spielzeiten. Vollständiges Programm siehe Übersicht Kino.
Fitzcarraldo: Von Werner Herzog, D, 1982. GZ Loogarten. 20.30h.

DIES & DAS

Soirée über das Glück: 18.30–19h Apéro & Amuse-Bouche. 19–20.45h «Was ist Glück?», Referenten: Wilhelm Schmid, Phillip Tingler und Markus Huppenbauer. Kosten: 80 Franken. Infos/Anmeldung: www.rencontre- culturel.ch. Zunfthaus zur Waag, Münsterhof 8.

Grosse Weindegustation: Durchgeführt von der Weinhandlung Albert Reichmuth AG. Blumenhalle Lounge, Heinrichstr. 237. 16–22h.

Unterwegs in Südamerika: Fotografierte Reisereportage aus Südamerika, erzählt von Aschi Widmer. Infos: www.explora.ch. Tickets unter Tel. 031 931 09 50. Volkshaus. 20h.

1 **Sehen Sie die Collage an. Überlegen Sie, was Sie vormittags, nachmittags und abends in Zürich machen möchten.**

2 **Arbeiten Sie zu dritt und planen Sie ein gemeinsames Tagesprogramm. Stellen Sie dann Ihr Programm im Kurs vor.**

Den Film finde ich gut.

Ich möchte aber …

Wir möchten zum / zur …

1 Im Hotel in Zürich

1.1 Sammeln Sie Wortschatz zum Thema Hotel. Arbeiten Sie mit dem Wörterbuch.

-e Bar (-s)
-s Zimmer (-)
-s Hotel (-s)

1.2 Was ist wichtig für Sie? Nennen Sie drei Informationen.

Ich brauche …	Das Zimmer darf nicht …
Das Hotel muss …	Ich finde wichtig, dass es … gibt.

B 14.1

1.3 Herr Bernhard braucht ein Hotel in Zürich. Hören Sie die drei Telefonate und machen Sie Notizen. Diskutieren Sie dann: Welches Hotel reserviert Herr Bernhard? Warum?

	Hotel 1	Hotel 2	Hotel 3
Zimmer frei vom 12. bis 14.05.	ja/nein	ja/nein	ja/nein
Preis für zwei Übernachtungen	……………… CHF	……………… CHF	……………… CHF
Entfernung zum Hauptbahnhof	……………… km	……………… m	……………… m

1.4 Ein Telefonat vorbereiten. Notieren Sie drei Fragen zu einem Hotel. Was möchten Sie wissen?

Gibt es …?
Haben Sie …?

1.5 Bei der Ankunft. Hören Sie das Gespräch und beantworten Sie die Fragen.

1. Was für ein Zimmer hat Herr Bernhard reserviert?
2. Wie viele Nächte bleiben Herr und Frau Bernhard im Hotel?
3. Welche Zimmernummer haben Herr und Frau Bernhard?
4. Von wann bis wann können die Bernhards frühstücken?
5. Was gibt es im Hotel?

B 10

1.6 Ergänzen Sie das Anmeldeformular mit den Informationen aus dem Reisepass und der Visitenkarte oder mit Ihren eigenen Informationen.

ANMELDUNG

Tag der Ankunft 12.05.2006	Tag der voraussichtlichen Abreise 14.05.2006
Familienname	Vorname
Straße, Hausnummer	Postleitzahl, Stadt
Staat	Staatsangehörigkeit
Geburtsdatum	Pass-Nummer
Telefon	E-Mail
	Unterschrift

2 Wiederholung: Wohin? Wo?

2.1 Wie heißen die Wechselpräpositionen? Ergänzen Sie.

an.........	a...........	h...........	in.........	n...........	u...........	ü...........	v...........	z...........

C 81 **2.2 Wann benutzt man bei den Wechselpräpositionen den Akkusativ, wann den Dativ?**

2.3 Sehen Sie die Bilder an und erzählen Sie: Wann gehen Herr und Frau Bernhard *wohin*?

Freitagabend: Sauna

Samstagmorgen: Swimmingpool

Samstagvormittag: Uhrenmuseum

Samstagmittag: Restaurant „Alt Zürich"

Samstagnachmittag: Botanischer Garten

Samstagabend: Oper

2.4 Petra Bernhard schreibt eine Karte. Wo waren Herr und Frau Bernhard? Schreiben Sie den Brief zu Ende und vergleichen Sie mit dem Hörtext.

Liebe Sonja,
wir sind in Zürich. Es ist wunderschön. Wir sitzen gerade am Frühstückstisch. Heute machen wir einen Stadtrundgang und dann fahren wir auch schon wieder zurück. Am Freitagabend bin ich im Hotel in der Sauna gewesen. Samstagmorgen war Norbert ...

2.5 **Lesen Sie den Text aus einem Reiseführer über Zürich und markieren Sie den angegebenen Weg auf der Karte.**

Zürich

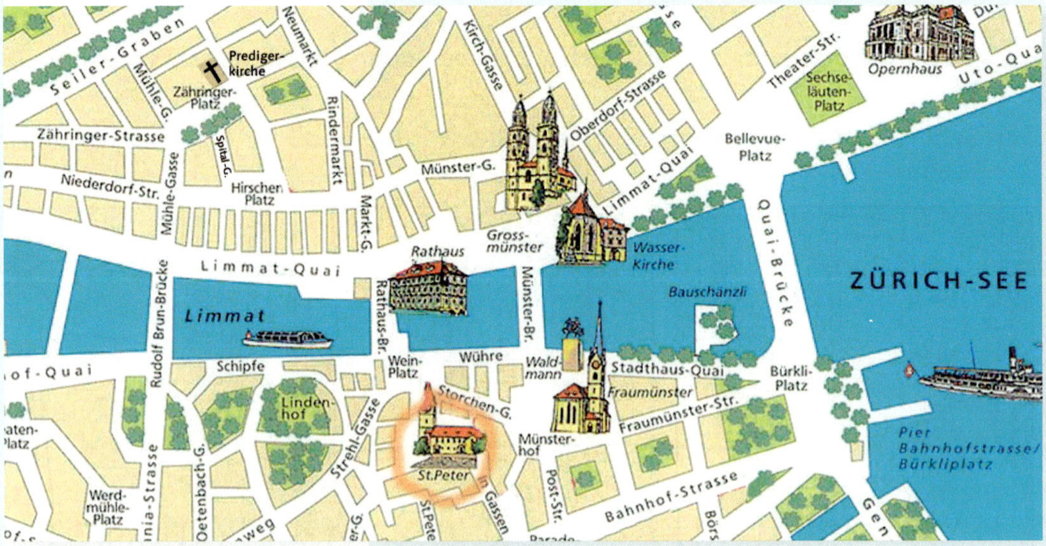

Fraumünster
und St. Peters-Kirche

Wir gehen von der St. Peters-Kirche zur Rathausbrücke und dann vor der Brücke nach rechts die Wühre entlang. Über die Münsterbrücke kommen wir auf die andere Seite der Limmat. Dort steht an der Ecke Münsterbrücke/Limmatquai das Helmhaus. Direkt neben dem Helmhaus sehen wir die Wasserkirche. Wir gehen dort nach links den Limmatquai entlang bis zum historischen Rathaus. Am Rathaus gehen wir rechts in die Marktgasse bis zur Kreuzung Marktgasse/Münstergasse. Wir gehen dann links in die Münstergasse bis zum Hirschen-Platz. Über den Hirschen-Platz und durch die Spital-Gasse kommen wir auf den Zähringer-Platz und zur Prediger-Kirche. Hier sind wir im „Dörfli", dem wohl bekanntesten Teil der Züricher Altstadt.

Restaurant Kaiser's Reblaube
& Goethe-Stübli

Helmhaus
und Wasserkirche

Kunstausstellung
im Helmhaus

2.6 Sehen Sie sich die Bilder an und ordnen Sie die Wörter zu.

die Brücke, -n > die Ecke, -n > der Platz, "-e > die Kirche, -n > die Kreuzung, -en

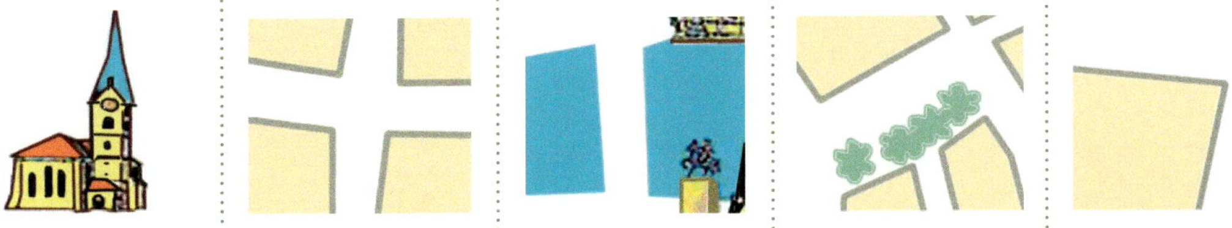

1	2	3	4	5

2.7 Lesen Sie noch einmal den Text in 2.5. Achten Sie auf *durch*, *entlang* und *zu*. Was steht mit Akkusativ und was mit Dativ? Ergänzen Sie dann die Sätze unten mit den Wörtern.

durch + ...	.... + entlang	zu + ...

Du gehst vom Rathaus nach rechts den Limmatquai .... Dann gehst du nach links .... die Römer-Gasse .... Zwingli-Platz. Und da ist das Grossmünster.

2.8 Suchen Sie sich im Stadtplan von Zürich einen Ausgangspunkt und einen Zielpunkt aus und geben Sie Ihrer Partnerin/Ihrem Partner eine Wegbeschreibung.

2.9 Wählen Sie Ausgangspunkte und Ziele in Ihrer persönlichen Umgebung und machen Sie dazu Wegbeschreibungen. Welchen Wortschatz brauchen Sie noch dafür?

das Denkmal, "-er

die Ampel, -n

2.10 Ein Spiel zu dritt mit den Wechselpräpositionen: Bilden Sie Sätze mit Akkusativ oder Dativ. A wirft eine Münze (Kopf = wo / Zahl = wohin), B nennt einen Ort, und C bildet einen kompletten Satz.

der Berg > das Meer > die Sprachenschule > das Café > der Marktplatz > die Altstadt > das Museum > die Kirche > der Bahnhof > ...

3 Die Alpen

3.1 **Sehen Sie die Karte und die Fotos an. Was sind die Alpen? Wo liegen sie?**

3.2 **Überlegen Sie und notieren Sie Stichworte: Was wissen Sie über diese Region?**

3.3 **Im folgenden Text finden Sie viele Zahlen. Markieren Sie die Zahlen und machen Sie Notizen. Berichten Sie.**

4478 m (Höhe Matterhorn)

Das Matterhorn ist 4478 Meter hoch.

Das Matterhorn: Seine Silhouette kann man auf verschiedenen Produkten aus der Schweiz finden. Das Matterhorn ist mit seinen 4478 m nicht der höchste, aber es ist der schönste Berg in der Schweiz. Es ist der König der Berge, der berühmteste Berg in den Alpen. Nur der Ort Zermatt profitiert von seiner schönen Form, denn von der italienischen Seite aus sieht der Berg aus wie ein Steinhaufen. Am 14. Juli 1865 hat der Engländer Edward Whymper (1840–1911) als Erster den Gipfel erreicht. Seit dieser Zeit haben über 350 Menschen am Matterhorn ihr Leben verloren. Ein trauriger Rekord. Für die Tourismusindustrie ist das Matterhorn allerdings ein Glücksfall. Pro Jahr kommen 2,7 Millionen Besucher aus aller Welt nach Zermatt, weil sie einen Blick auf den berühmt-berüchtigten Berg werfen wollen. Zermatt selbst hat etwa 4500 Einwohner, aber in der Hochsaison wohnen etwa 24000 Menschen im Dorf. Den Touristen stehen etwa 6500 Hotelbetten und 13000 private Übernachtungsmöglichkeiten zur Verfügung. Man geht davon aus, dass mit diesen Zahlen eine Grenze erreicht ist. Zermatt ist ein kleiner Ort, und Platz ist hier kostbar. Übrigens: Touristen dürfen ihre Autos nicht mitbringen, denn das Dorf ist autofrei. Wenn sie Zermatt besuchen wollen, müssen sie weiter unten parken.

3.4 **Was wissen Sie jetzt über Zermatt und das Matterhorn? Schreiben Sie mit Hilfe der Satzanfänge eine Zusammenfassung.**

Das Matterhorn ist …
Der Ort direkt am Berg heißt …
Seit 1865 haben …
Jedes Jahr kommen viele …

Der Ort hat nur …, aber in der Hochsaison …
Für die Touristen gibt es …
Zermatt ist klein. Autos dürfen hier …, weil der Ort …
Sie müssen …

4 Possessivbegleiter im Dativ

C 55/56

4.1 **Die Possessivbegleiter haben Sie schon in *eurolingua Deutsch* Band 1 kennengelernt. Machen Sie gemeinsam im Kurs eine Tabelle an der Tafel oder auf einem Lernplakat.**

Personal-pronomen	Possessivbegleiter								
Nominativ	Nominativ				Akkusativ				Dativ
	m	n	f	Plural	m	n	f	Plural	
ich	mein	mein	meine	meine	meinen	mein	meine	meine	
du	dein								
er	sein								
es									

4.2 **Lesen Sie die Sätze. Erkennen Sie das System?**

Maskulinum	der Freund	Ich fahre mit	meine**m**	Freund	in die Schweiz.
Neutrum	das Kind		meine**m**	Kind	
Femininum	die Freundin		meine**r**	Mutter	
Plural	die Freunde		meine**n**	Freunden	

4.3 **Ergänzen Sie Ihr Lernplakat aus 4.1 mit den Dativ-Formen. Kontrollieren Sie im Kurs.**

4.4 **Lesen Sie bitte die letzte Zeile in 4.2 und ergänzen Sie die Regel.**

Die meisten Nomen haben im Plural die Dativendung ....

4.5 **Ergänzen Sie die Dativformen.**

– Wem schreibst du eine Postkarte?

\+ Mein............. Vater, mein............. Mutter, mein............. Onkel, mein............. Großmutter, allen mein............. Freunde.........., mein............. Chef und sein............. Frau, mein............. Frau und ihr............. Mutter, mein............. Kollegin Marianne, mein............. Söhne......... und mein............. Töchter.......... .

4.6 **Was man im Urlaub tut. Schreiben Sie möglichst viele Sätze mit den folgenden Elementen.**

Luise zeigt ihrem Freund das Museum.

Luise Urs Herr und Frau Daus	zeigen schreiben kaufen schenken schicken mitbringen	(seine Frau) (ihr Freund) (seine Kollegen) (sein Freund) (ihr Mann) (ihre Freundinnen) (ihr Bruder) (ihre Freunde) (seine Brüder)	die Stadt. ein Paket. eine Postkarte. eine E-Mail. einen Brief. einen Ring. eine Pizza. das Meer. das Museum. Blumen.

5 Wiederholung: Sätze mit Konjunktionen

C 86/87

5.1 Sehen Sie sich die Satzgrafiken und das markierte Beispiel an. Lesen Sie dann die übrigen Sätze und markieren Sie sie wie im Beispiel. Welche Sätze passen zu Satzgrafik 1, welche zu Satzgrafik 2? Was ist der Unterschied?

		Satzgrafik
A	[Zermatt] (ist) klein, und [Platz] (ist) hier kostbar.	1
B	2,7 Millionen Touristen kommen pro Jahr nach Zermatt, weil sie das Matterhorn sehen wollen.	
C	Sie fahren nicht mit dem Auto nach Zermatt, denn das Dorf ist autofrei.	
D	Viele von ihnen finden, dass das Matterhorn der König der Berge ist.	
E	Manche steigen auf den Berg, aber das ist gefährlich.	

5.2 Verbinden Sie die Sätze mit Konjunktionen. Es gibt viele Möglichkeiten. Ändern Sie die Wortstellung, falls notwendig.

1 Ich schenke meinem Freund Blumen.		Sie fahren nicht mit einem ICE.
2 Zermatt gefällt mir.		Das Zimmer kostet 300,– € pro Nacht.
3 Sie brauchen keinen ICE-Zuschlag.		Bergsteigen macht Spaß.
4 Bergsteigen ist gefährlich.	denn	Ich liebe ihn.
5 Morgens lernen ist gut.	und	Ich fahre jedes Jahr hin.
6 Ich weiß ...	weil	Bahnfahren ist besser als Autofahren.
7 Ich denke ...	dass	Die Geschäfte gefallen mir nicht.
8 Ich kann das Hotel nicht bezahlen.	aber	Das Museum ist interessant.
9 Die Stadt ist langweilig.		Sie liebt mich nicht mehr.
10 Ich bin gerne in den Alpen.		Man kann sich gut konzentrieren.

5.3 Das Vier-Satz-Spiel: Sammeln Sie zuerst fünf Satzanfänge. A sagt dann einen Satzanfang viermal, aber jedes Mal mit einer anderen Konjunktion (und, denn, weil, aber). B muss den Satzanfang wiederholen und den Satz ergänzen.

Ich fahre nach Zermatt, denn meine Freundin liebt die Berge.
Ich fahre nach Zermatt, aber ich fahre lieber ans Meer.
Ich fahre nach Zermatt, und ich fahre dort Ski.

6 Wenn …

C 102

6.1 Nebensätze vor dem Hauptsatz: Lesen und hören Sie die Sätze. Markieren Sie die Verben im Hauptsatz wie im Beispiel. Was ist anders?

Wenn ich gut arbeite, (habe) ich viel Geld.

Wenn ich viel Geld habe, kann ich Urlaub machen.
Wenn ich Urlaub mache, bin ich erholt.
Wenn ich erholt bin, kann ich gut arbeiten.
Wenn ich gut arbeite, habe ich viel Geld.

6.2 Sehen Sie sich die Beispielsätze an und schreiben Sie drei Sätze wie in Satz 2.

1.		Ich (mache)	immer viel Sport, wenn ich im Urlaub bin.
2.	Wenn ich im Urlaub bin,	(mache) ich	immer viel Sport.

*Info: Wenn der Nebensatz vor dem Hauptsatz steht, **beginnt** der Hauptsatz mit dem **Verb**.*

6.3 Schreiben Sie die Sätze.

1 wenn / wir / noch ein Hotelzimmer bekommen / nach Zermatt fahren
2 wenn / du / Lust haben / wir / in den botanischen Garten gehen können
3 dass / wir / zwei Wochen nach Spanien fahren / ich / schön finden
4 weil / ich / wenig Geld haben / ich / nicht in Urlaub fahren
5 wenn / ich / in der Schweiz sein / ich / meiner Mutter immer Schokolade mitbringen

1 Wenn wir noch ein Hotelzimmer bekommen, fahren wir …

6.4 Was machen Sie, wenn …? Fragen und antworten Sie.

Auto kaputt > viel Geld haben > es regnet > Portemonnaie verloren > Kopfschmerzen haben > …

Was machen Sie, wenn Ihr Auto kaputt ist?

Wenn mein Auto kaputt ist, fahre ich mit dem Taxi.

7 Ein Projekt: die Alpen

7.1 Informationen über eine Region sammeln. Wie und wo können Sie weitere Informationen über die Alpen (Geographie, Sport + Freizeit) finden?

7.2 Wählen Sie aus den Informationen und Materialien, die Sie gesammelt haben, die interessantesten aus und machen Sie eine Wandzeitung. Stellen Sie Ihre Wandzeitung im Kurs vor.

So geht's

Kommunikation

etwas reservieren

Ich möchte ein Doppelzimmer vom 1.3. bis 5.3. reservieren. Haben Sie vom 1.8. bis 3.8. ein Einzelzimmer frei?

Informationen erfragen

Hat das Hotel einen Parkplatz? Gibt es eine Sauna?

Grammatik

Possessivbegleiter im Dativ

Maskulinum	Neutrum	Femininum	Plural
meinem	meinem	meiner	meinen
deinem	deinem	deiner	deinen
seinem	seinem	seiner	seinen
ihrem	ihrem	ihrer	ihren
unserem	unserem	unserer	unseren
eurem	eurem	eurer	euren
ihrem / Ihrem	ihrem / Ihrem	ihrer / ihrer	ihren / ihren

Verben mit Akkusativ und Dativ

Luisa zeigt ihrem Freund das Museum

wenn

Ich kann Urlaub machen, wenn ich viel Geld habe.	Wenn ich viel Geld habe, kann ich Urlaub machen.

Nebensätze vor dem Hauptsatz

Dass du mitkommst, finde ich prima. – Weil ich keine Zeit hatte, bin ich nicht in die Disko gegangen. Wenn der Nebensatz vor dem Hauptsatz steht, beginnt der Hauptsatz mit dem Verb.

Lernen lernen

A 19 **Lernfortschritte festhalten**

Legen Sie eine Tabelle in Ihrer Muttersprache an. Halten Sie Ihre Lernfortschritte fest.

Wann?	Wo?	Was?	Wie?	Was tun?
1. März	zu Hause	Sätze mit dass und weil geschrieben und korrigiert	Sätze mit weil: .... Sätze mit dass:	Grammatik-Überblick ansehen, Frau Müller fragen
3. März	im Café	Text „Matterhorn" zweimal gelesen	....	–

Einheit 6: *Guten Appetit!*

- eine Speisekarte lesen
- im Restaurant bestellen
- Essen kommentieren
- sich beschweren
- Texte vergleichen

1 **Sehen Sie sich die Bilder an. Welche Restaurants sehen Sie? Was kann man dort essen?**

> Das ist ein italienisches Restaurant. Dort kann man Lasagne essen.

thailändisch > griechisch > italienisch > deutsch > spanisch > ägyptisch

Nudelsuppe Chiang Mai > Rinderroulade > Paella > Couscous > Lasagne > Bifteki

2 **Eine Familie (Eltern + Tochter) will essen gehen. Hören Sie den Dialog: In welchen Restaurants waren die Personen schon und wohin wollen sie heute Abend gehen?**

3 **Was für Restaurants gibt es bei Ihnen? Gehen Sie oft essen? In welche Restaurants gehen Sie am liebsten? Warum?**

> Ich gehe manchmal zum Italiener. Pizza esse ich sehr gern.

> Bei uns gibt es viele Restaurants. Aber die sind sehr teuer.

> Wir kochen immer zu Hause.

1 Die Speisekarte

1.1 Lesen Sie die Speisekarte. Was verstehen Sie? Markieren Sie die Speisen und Getränke. Markieren Sie auch Wortteile, die Sie verstehen.

Beispiel: *Sahnehäubchen*

Ratskeller

Tageskarte

Vorspeisen	*Tomatensuppe mit Sahnehäubchen*		2,90
	Gulaschsuppe (scharf)		3,20
	Kleiner Salatteller vom Salatbüfett		3,50
	Großer Salatteller vom Salatbüfett		4,90
	Tomaten mit Mozzarella, frischem Basilikum und Baguette		3,20
Hauptgerichte	*Wiener Schnitzel mit Pommes frites oder Kartoffeln und Salat*		8,10
	Schweinebraten mit Kartoffelknödeln, Rahmsoße und Champignons		8,90
	Rinderfiletsteak (250 g) mit Pommes frites oder Folienkartoffel		14,80
	Lachssteak mit Kartoffeln, Kräuterbutter und Salat		10,70
Für den kleinen Hunger	*Hawaii-Toast mit Schinken, Ananas, Käse und Salat*		4,90
	Überbackener Camembert mit Preiselbeeren und Buttertoast		4,90
	Gemüsepfanne mit Auberginen, Zucchini, Tomaten, Paprika, Champignons, Knoblauch und Zwiebeln, mit Käse überbacken, dazu Baguette		8,10
Für die Kleinen	*Kinderteller Käpt'n Blaubär: Fischstäbchen mit Pommes frites, kleiner Salat und eine kleine Überraschung zum Nachtisch*		6,20
Nachspeisen	*Birne Hélène*		3,20
	Vanilleeis mit Schokoladensoße und Sahne		2,50
	Gemischtes Eis (3 Kugeln) mit Sahne		2,50
Getränke	*Weldebräu Export oder Pils vom Fass*	*0,4 l*	2,40
	Cola, Fanta, Sprite	*0,3 l*	2,20
	Apfelsaft, Orangensaft	*0,3 l*	2,30
	Mineralwasser	*0,3 l*	1,90

Fragen Sie auch nach unserer Weinkarte

Alle Preise inkl. Bedienungsgeld und Mehrwertsteuer

Öffnungszeiten:
Dienstag – Sonntag: 11 – 15 und 18 – 24 Uhr
Montags Ruhetag

1.2 Klären Sie unbekannte Wörter/Wortteile mit dem Wörterbuch und ordnen Sie die Wörter den Oberbegriffen zu. Ergänzen Sie auch Wortschatz, den Sie schon kennen.

Fisch	Fleisch	Gemüse/Beilagen	Süßes/Obst	Sonstiges
	Gulaschsuppe	Tomatensuppe		Sahnehäubchen

1.3 Hören Sie den Dialog und kreuzen Sie in der Speisekarte die Speisen und Getränke an, die Sie hören.

B 13.4

1.4 Spielen Sie zu dritt Bestellungen. Benutzen Sie die Speisekarte und den Redemittelkasten.

nach den Wünschen fragen (Bedienung)	etwas bestellen	Extrawünsche
Ja bitte? Sie wünschen? Was hätten Sie gern? Was möchten Sie (essen/trinken)?	Schweinebraten, bitte. Einmal den kleinen Salat. Ich hätte gerne … Bringen Sie mir/uns … Für mich …	Haben Sie …? Ohne Kräuterbutter, bitte. Kann ich das Steak auch mit Reis bekommen?

***Info:** In vielen Restaurants ist es üblich, die Gerichte in der Speisenkarte zu nummerieren. Dann wird das Gericht oft nicht mit Namen bestellt, sondern man nennt die Nummer des Gerichts. Z. B. „Ich hätte gern die 47." (anstelle von „Ich hätte gern eine Pizza Margherita.") Wenn man bezahlen möchte, sagt man „Zahlen bitte", oder „Die Rechnung bitte."*

2 Auf dem Tisch

2.1 Betrachten Sie das Bild und ordnen Sie die Wörter zu, die Sie schon kennen. Vergleichen Sie mit Ihren Nachbarn. Schlagen Sie die restlichen Wörter im Wörterbuch nach und kontrollieren Sie im Kurs.

der Teelöffel, - > die Serviette, -n > das Weißweinglas, "-er > die Gabel, -n > der kleine Teller, - > der große Teller, - > das Salz > das Öl > der Essig > der Esslöffel, - > die Kerze, -n > der Zahnstocher, - > das Rotweinglas, "-er > das Wasserglas, "-er > das Messer, - > der Aschenbecher, - > ~~das Besteck, -e~~

3 Wie schmeckt's?

3.1 Sehen Sie sich das Bild an und lesen Sie die Sätze. Hören Sie dann die CD und ordnen Sie die Sätze zu.

1 ☐ Der Braten ist ausgezeichnet. Das Fleisch ist sehr zart.

2 ☐ Entschuldigung, auf meinem Lachs fehlt die Kräuterbutter.

3 ☐ Ich hatte den Schweinebraten bestellt, kein Schnitzel.

4 ☐ Die Pommes sind lecker.

5 ☐ Hören Sie, mein Steak ist nicht durch.

6 ☐ Ich mag meinen Salat nicht.

7 ☐ Mmh, die Gemüsepfanne ist auch sehr lecker.

8 ☐ Es geht. Sie schmeckt gut, aber sie ist sehr salzig.

9 ☐ Mmh, der Wein ist sehr gut.

3.2 Klären Sie unbekannte Adjektive. Lesen Sie dann den Redemittelkasten und markieren Sie: positiv (+) oder negativ (-)?

süß

salzig

bitter

sauer

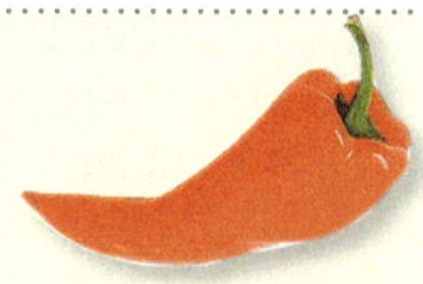

scharf

würzig – fad
Fleisch: zart – zäh, fett – mager, durch – nicht durch

nach dem Essen fragen	**Essen beschreiben und bewerten**	
Wie ist …? Wie schmeckt …? Schmeckt es Ihnen/dir?	Der Braten ist zart. [+] / zäh. ☐ /… Der Braten ist etwas fad. ☐ / etwas salzig. ☐ /etwas … Der Braten ist sehr fett. ☐ / sehr mager. ☐ /sehr … Der Braten ist zu salzig. ☐ / zu fett. ☐ /zu …	Das Steak schmeckt/ist ausgezeichnet. ☐ … sehr lecker/sehr gut. ☐ … lecker/gut. ☐ … nicht so lecker/gut. ☐ … scheußlich. ☐ Das Steak ist o.k. [+/-] Es geht. ☐

3.3 Sehen Sie sich die Bilder an. Wie ist das Essen? Benutzen Sie den Redemittelkasten in 3.2 und kommentieren Sie zu zweit.

Lammkotelett mit Kartoffeln und Gemüse

Fischsuppe mit Knoblauchbaguette

Bunter Salat mit Roquefort, Birnen und Walnüssen

3.4 Sich beschweren. Lesen Sie die Sätze und ordnen Sie zu: Wann sagt man was?

1) Das habe ich nicht bestellt. 2) Die Suppe ist zu salzig. 3) Hören Sie, mein Lammkotelett ist nicht durch. 4) Das Essen ist kalt. 5) Ich habe noch keinen Salat. ~~6) Entschuldigung, auf meinem Lachs fehlt die Kräuterbutter.~~ 7) Könnten Sie mir Besteck bringen? 8) Bringen Sie uns bitte noch Brot. 9) Ich hatte den Schweinebraten bestellt, keinen Salat. 10) Ich habe vor einer dreiviertel Stunde bestellt, aber mein Essen ist noch nicht da.

A	falsches Essen	
B	etwas fehlt/ist noch nicht da	6, ...
C	das Essen ist nicht in Ordnung	

B 13.5 **3.5 Lesen Sie den Text und sehen Sie das Bild an. Was sagt der Gast zum Kellner? Sprechen Sie.**

Ich habe lange auf mein Essen gewartet.
Ich brauche Besteck.
Bei meinen Pommes fehlt Ketschup.
Ich warte auf mein Bier.
Mein Essen ist kalt und das Restaurant ist teuer.

3.6 Schreiben Sie jetzt den Text für den Nein-Sager und vergleichen Sie mit der CD.

Ich habe nicht lange auf mein Essen gewartet.
Ich brauche ...

3.7 Hören Sie die Fragen des Kellners. Antworten Sie und schreiben Sie Ihre Antwort auf.

Schnitzel mit Kartoffeln / mit Pommes frites > Tomatensalat / grüner Salat
kleines / großes Bier > kleiner / großer Salatteller > Pommes mit Ketschup / mit Majonäse
Steak durch / medium / englisch > Eis mit Sahne / ohne Sahne

Ich hätte gern das Schnitzel mit Kartoffeln, bitte.

Möchten Sie Ihr Schnitzel mit Kartoffeln oder mit Pommes frites?

4 Gesund essen früher und heute

4.1 Sehen Sie die Bilder an und bringen Sie sie in eine sinnvolle Reihenfolge.
Lesen und hören Sie dann das Gedicht und kontrollieren Sie Ihre Ergebnisse.

Die Geschichte vom Suppenkasper

Der Kasper, der war kerngesund,
ein dicker Bub und kugelrund.
Er hatte Backen rot und frisch;
die Suppe aß er hübsch bei Tisch.
Doch einmal fing er an zu schrein:
„Ich esse keine Suppe! Nein!
Ich esse meine Suppe nicht!
nein, meine Suppe ess ich nicht!"

Am nächsten Tag – ja sieh nur her –,
da war er schon viel magerer.
Da fing er wieder an zu schrein:
„Ich esse keine Suppe! Nein!
Ich esse meine Suppe nicht!
nein, meine Suppe ess ich nicht!"

Am dritten Tag, o weh und ach,
wie ist der Kasper dünn und schwach!
Doch als die Suppe kam herein,
gleich fing er wieder an zu schrein:
„Ich esse keine Suppe! Nein!
Ich esse meine Suppe nicht!
nein, meine Suppe ess ich nicht!"

Am vierten Tage endlich gar,
der Kasper wie ein Fädchen war.
er wog vielleicht ein halbes Lot –
und war am fünften Tage tot.

a. ☐

b. ☐

c. ☐

d. ☐

Info: *Dieses Gedicht ist von Heinrich Hoffmann. Er lebte von 1809 bis 1894 in Frankfurt am Main. Er war Arzt und behandelte viele arme Patienten kostenlos. In seiner Freizeit war er auch Kinderbuchautor. Diese Geschichte ist aus dem Buch „Der Struwwelpeter". Das Buch hat er für seine Kinder geschrieben.*

4.2 Hören Sie nun die Geschichte vom Pommes-Markus und lesen Sie mit. Vergleichen Sie die beiden Gedichte.

Die Geschichte vom Pommes-Markus

Der Markus, der war kerngesund,
war sportlich fit und gar nicht rund.
Er aß normal am Elterntisch,
aß Obst, Gemüse, Fleisch und Fisch.
Doch einmal fing er an zu schrein:
„Das will ich gar nicht essen. Nein!
Ich will jetzt Pommes, Chips und Schokolade!"
Das fanden seine Eltern schade.

Im nächsten Jahr, ja seht nur her,
da passt´ ihm keine Hose mehr.
Er war so unbeweglich, schwer und dick
Und Sport, den macht' er nicht mehr mit.
Doch hörte er nicht auf zu schrein:
„Ich will Pommes, kein Gemüse, nein!"

Im dritten Jahr, o weh und ach,
wie war der Markus schwer und schwach!
Zu viel Fett und zu viel Zucker,
ach, wie weint die arme Mutter.
Aber Markus hört' nicht auf zu schrein:
„Das will ich gar nicht essen, nein!"

Im vierten Jahr da kamen Schmerzen,
die merkte Markus links, im Herzen.
Der Arzt meint: *„Markus – fast zu spät!*
Da hilft jetzt nur Diät, Diät!"

4.3 Sprechen sie die Geschichte vom Pommes-Markus mit verteilten Rollen.

4.4 Diskutieren Sie: Was isst ein Profifußballer?

4.5 Ein Interview mit einem Fußballprofi zum Thema Ernährung: Lesen Sie die Stichwörter und klären Sie unbekannte Wörter. Formulieren Sie Hypothesen. Worüber sprechen die zwei Moderatoren mit Herbert Prohaska? Hören Sie dann das Interview und beantworten Sie die Fragen.

Brotzeit > 70er Jahre > Leberkäse > Semmel > Naturschnitzel > Schmalz
Gewichtsprobleme > Nachwuchsfußballer > Weltkarriere

Prohaska, Herbert (*1955), österreichischer Fußballnationalspieler, Teilnahme an den Fußballweltmeisterschaften 1978 und 1982

A) Wer hat damals besseres Essen bekommen?

1 ☐ Die noch nicht verheiratet waren.
2 ☐ Die noch nicht soviel verdient haben.
3 ☐ Die verheiratet waren.
4 ☐ Der Trainer.

B) Was hat Herbert Prohaska damals oft gegessen?

1 ☐ Pommes, Ketschup, Majonäse.
2 ☐ Pizza.
3 ☐ Schmalzbrote.
4 ☐ Naturschnitzel mit Reis.

C) Wie viel hat Herbert Prohaska damals gewogen? .... kg.

D) Am Ende sagt Herbert Prohaska „Ich hoffe, dass kein Nachwuchsfußballer zuschaut." Warum?

4.6 Und Sie? Was haben Sie in Ihrer Kindheit oft gegessen? Was essen Sie heute nicht mehr (so oft)?

So geht's

Kommunikation

Essen bestellen	Extrawünsche
Tomatensuppe, bitte. Einmal die Gemüsepfanne. Ich hätte gerne … Bringen Sie mir / uns … Für mich …	Haben Sie auch Reis? Ohne Knoblauch, bitte. Kann ich das Steak auch mit Reis bekommen?

nach dem Essen fragen	Essen beschreiben und bewerten	
Wie ist …? Wie schmeckt …? Schmeckt es Ihnen / dir? 	Das Steak ist zart. Das Gemüse ist etwas fad. Der Braten ist sehr fett. Die Suppe ist zu salzig. 	Der Salat schmeckt ausgezeichnet. Der Salat ist sehr gut. Der Salat schmeckt lecker. Der Salat ist o.k. Der Salat ist nicht so gut. Der Salat schmeckt scheußlich.

A 10.4 **Lernen lernen**

Assoziationen versprachlichen – Wörternetze anfertigen

Das Wort Restaurant kann z. B. folgende Assoziationen hervorrufen:

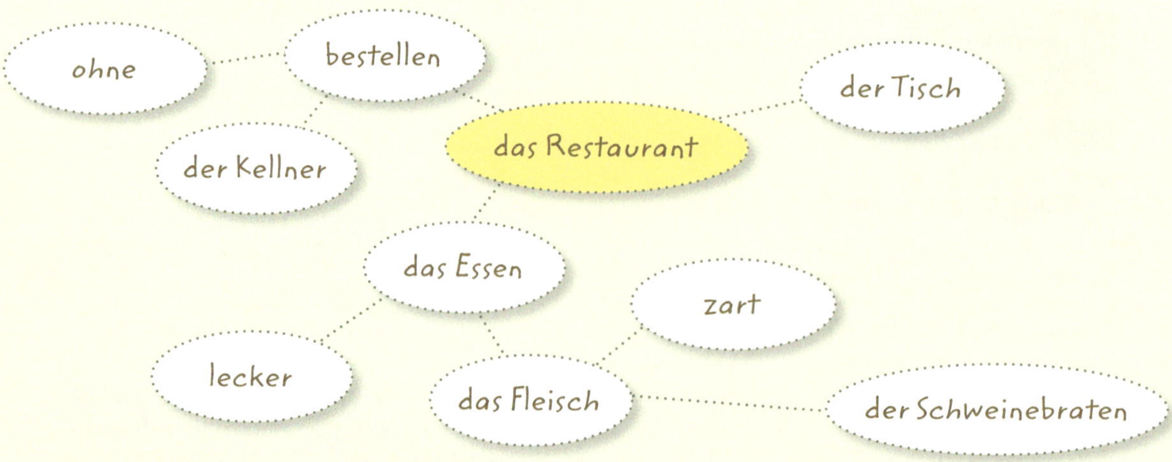

- Suchen Sie sich ein Thema, das Sie interessiert.
- Notieren Sie zehn Wörter zu diesem Thema und suchen Sie die deutschen Wörter im Wörterbuch.
- Machen Sie ein Wörternetz.
- Lernen Sie die Wörter.

Einheit 7: *Mein Arbeitsplatz*

- über Arbeitsplätze sprechen
- Wünsche zum Arbeitsplatz formulieren
- über Zeit und Stress sprechen
- Verben mit Reflexivpronomen im Akkusativ
- Verben mit Präpositionen
- Fragen mit Präpositionen: worüber, über wen …?

1. **Welcher Beruf passt zu welchem Arbeitsplatz? Ordnen Sie zu.**

☐ Zahnarzthelferin	☐ Software-Entwickler	☐ Briefträger
☐ Journalistin	☐ Frisörin	☐ Taxifahrer

2. **Welche Eigenschaften passen zu welchem Beruf? Sammeln Sie im Kurs.**

drinnen / draußen arbeiten
selbstständig / angestellt sein
halbtags / ganztags arbeiten
am Wochenende arbeiten
Kontakt zu Menschen haben
viel unterwegs sein
ein gutes Gehalt haben / wenig verdienen
etwas Neues entwickeln
im Team / allein arbeiten
anstrengende, schwere Arbeit / leichte Arbeit
Überstunden machen
Schichtarbeit / normale Arbeitszeit

3. **Hören Sie jetzt die Aussagen. Wie beschreiben die Personen ihren Arbeitsplatz? Machen Sie Notizen und berichten Sie.**

4. **Was wünschen Sie sich von Ihrem Arbeitsplatz?**

… finde ich wichtig / ist mir am wichtigsten.
Ich möchte gern … / … gefällt mir.

1 Zehn Uhr morgens in Deutschland

1.1. **Bei der Firma Fotomatia. Schauen Sie die Bilder an. Wie geht es den Personen? Fühlen Sie sich gut, schlecht, …?**

1.2 **Lesen Sie die Sätze. Hören Sie die Texte und ordnen Sie die Sätze zu den Bildern.**

a) Ein Mann beschwert sich über den Stress.
b) Eine Frau langweilt sich.
c) Ein Team freut sich auf das neue Projekt.
d) Der Chef ärgert sich über Frau Krause.
e) Eine Frau interessiert sich für die Stelle im Kundendienst und spricht mit der Sekretärin.
f) Eine Kundin informiert sich über die Preise.

1.3 **Wann haben Sie sich zum letzten Mal gefreut/geärgert? Wo? Warum?**

Ich habe mich heute geärgert. Der Bus ist nicht gekommen.

Ich habe mich am Samstag gefreut. Ich habe in der Stadt einen alten Freund getroffen.

1.4 **Sich freuen/sich ärgern. Sammeln Sie Ausdrücke.**

sich freuen: Super! Toll! Das ist …
sich ärgern: Mist! Das ist …

1.5 **In der Kantine. Lesen und hören Sie und ergänzen Sie die Sätze.**

1) **Frau Dahlmann:** Guten Appetit. Na, Herr Lochner, wie war der Termin heute Morgen?
Herr Lochner: Gut. Ich freue mich auf unser neues Projekt. Und die Leute aus dem Team sind sehr sympathisch. Viele Kollegen aus meiner Abteilung machen mit.

Frau Dahlmann: Das klingt ja toll. Und was machen Sie genau?
Herr Lochner: Es sind verschiedene Web-Entwicklungen, sehr interessant. Und wir langweilen uns, wenn wir nicht immer wieder etwas Neues machen können.
Frau Dahlmann: Ja, das verstehe ich gut.
Herr Lochner: Vielleicht interessieren Sie sich ja auch für unser Projekt. Wir brauchen noch engagierte Leute im Team.

2) **Yvonne:** Habt ihr noch viel zu tun?
Tobias: Ja, was glaubst du denn? Und dann ruft der Meier immer an. Er ärgert sich schon den ganzen Tag über alles.
Claudia: Ja, das ist heute wirklich schlimm.
Yvonne: Warum beschwert ihr euch bei mir? Sprecht doch mal mit dem Chef.

1. Ich ....freue mich.......... auf unser neues Projekt.

2. Er .... schon den ganzen Tag.

3. Wir ...., wenn wir nichts Neues machen.

4. Warum .... ihr .... bei mir?

5. Vielleicht .... Sie .... ja auch für unser Projekt.

*Info: Ich freue mich; **mich** = Reflexivpronomen.*

C 57 / C 26

1.6 Ergänzen Sie die Tabelle:

	ich	du	er / es / sie	wir	ihr	sie / Sie
Reflexivpronomen im Akkusativ		dich				

Info: Reflexivpronomen im Akkusativ = Personalpronomen im Akkusativ.
*Anders ist nur die 3. Person Singular und Plural: **sich**.*

1.7 Ergänzen Sie die Verben und Reflexivpronomen.

sich freuen > sich ärgern > sich beschweren > sich langweilen > sich interessieren > sich informieren

1. Oh, das ist ein schönes Geschenk. Ich .... sehr.

2. Hallo Kinder. Habt ihr nichts zu tun? .... ihr .... ?

3. Der Chef .... über Frau Krause. Sie kommt zu spät.

4. Paolo, sag mal, ... du .... auch für Fußball?

5. Wann fährt der Zug nach München? Wir .... am Schalter.

6. Jose und Jasmin haben eine Cola bestellt und bekommen ein Wasser. Sie .... beim Kellner.

1.8 Ärger und Freude. Machen Sie eine Kettenübung.

Ich ärgere mich über das schlechte Wetter.

Claudia ärgert sich über das schlechte Wetter und ich ärgere mich über den Chef.

Claudia ärgert sich über das schlechte Wetter, Peter ärgert sich über den Chef und ich freue mich auf den Urlaub.

2 Norma bewirbt sich.

2.1. Norma hat Julian geheiratet. Sie sucht eine neue Arbeit. Ordnen Sie zu.

a. 1

b. ☐

c. ☐

d. ☐

e. ☐

f. ☐

g. ☐

h. ☐

i. ☐

1. Norma liest Stellenanzeigen. Sie interessiert sich für die Stelle bei der Firma *FOTOMATIA*.

2. Sie spricht mit der Personalchefin und fragt nach den Arbeitszeiten.

3. Sie stellt ihre Papiere zusammen und bewirbt sich um die neue Stelle.

4. Sie freut sich über die Einladung zum Vorstellungsgespräch und umarmt Julian.

5. Norma unterschreibt den Arbeitsvertrag.

6. Sie informiert sich im Internet über die Firma *FOTOMATIA*.

7. Norma träumt von ihrem ersten Arbeitstag. Sie fängt am Montag mit der neuen Arbeit an.

8. Sie wartet auf eine Einladung zu einem Vorstellungsgespräch. Sie denkt an nichts anderes.

9. Sie bereitet sich auf das Gespräch vor. Sie telefoniert mit Julian und bittet ihn um Tipps.

3 / S. 203 ff.

2.2. **Unterstreichen Sie die Verben und die Präpositionen und machen Sie eine Tabelle.**

Verben mit Präposition + Akkusativ	Verben mit Präposition + Dativ
sich interessieren für	telefonieren mit

⚠ Verben mit Präpositionen müssen Sie auswendig lernen.

2.3 **Ergänzen Sie die Sätze. Welche Präpositionen sind richtig?**

1. Ich habe heute .... der Arbeit angefangen.
2. Den ganzen Vormittag habe ich .... ein Fax von der Firma Pohlmann gewartet.
3. Ich habe .... der Firma Hartmann telefoniert.
4. Wir interessieren uns .... das Projekt.
5. Ein Kunde ärgert sich .... den schlechten Service.
6. Norma bereitet sich .... die Arbeit vor.
7. Denken Sie bitte .... die Papiere?
8. Das Team freut .... die neue Mitarbeiterin.
9. Ich habe heute Nacht .... einem schönen Urlaub geträumt.
10. Norma bittet .... eine Gehaltserhöhung.

Info:
freuen *kann mit* ***über*** *und* ***auf*** *stehen.*
Ich freue mich auf das Geschenk. Ich habe es noch nicht.
Ich freue mich über das Geschenk. Ich habe es schon bekommen.

2.4 **Norma schreibt an ihre Freunde, wie sie ihre neue Arbeit gefunden hat. Schreiben Sie den Brief zu Ende. Die Sätze in 2.1 helfen.**

3 Fragen mit Präpositionen: worüber, über wen?

3.1 Präpositionen in Frage und Antwort. Lesen Sie die Sätze und markieren Sie die Präpositionen in den Fragen.

– Wofür interessieren Sie sich? + Für Bücher und Musik.
– Für wen interessieren Sie sich? + Für Harry Potter und Robbie Williams.
– Worauf freuen Sie sich? + Auf das Wochenende.
– Auf wen freuen Sie sich? + Auf meinen Freund. Er besucht mich am Wochenende.
– Worüber ärgern Sie sich? + Über die viele Arbeit.
– Über wen ärgern Sie sich? + Über meine Kollegen. Sie wissen immer alles besser.
– Woran denken Sie oft? + An meinen letzten Urlaub.
– Wovon träumen Sie? + Von vielen schönen Sachen.

3. 2 Lesen Sie die Sätze noch einmal und ergänzen Sie die Regel.

Mit *wo* + Präposition fragt man nach ☐ Personen ☐ Sachen

Mit Präposition + Fragewort fragt man nach ☐ Personen ☐ Sachen

C 92

wofür	*worauf*
wovon	*woran*
womit	*worüber*

Info: *In der gesprochenen Sprache kann man für* ***wo*** *+ Präposition auch Präposition +* ***was*** *sagen:*
Wofür interessierst du dich? – Für was interessierst du dich?

3.3. Lesen Sie die Antworten und schreiben Sie dazu passende Fragen.

1. Auf die Mittagspause.
2. An die neue Kollegin.
3. Über den vielen Stress bei der Arbeit.
4. Für eine neue Stelle.
5. Auf meinen Freund.
6. Von einem neuen Job.
7. Über Herrn Meier. Er ist immer so schlecht gelaunt.

3.4 Fragen und antworten Sie im Kurs.

Wofür interessierst du dich?

Über wen ärgerst du dich oft?

…

3.5 Beschreiben Sie die Gefühle und Gedanken der Personen. Benutzen Sie *sich freuen über/auf, sich ärgern über, denken an, träumen von.*

4 Meine Zeit

Zeit ist Geld

Kommt Zeit – kommt Rat

4.1. Viele Menschen haben immer mehr Stress bei der Arbeit. Wie sieht Ihr Tag aus? Haben Sie viel Stress? Nehmen Sie sich genug Zeit?

Ich habe viel / wenig Stress bei der Arbeit.
Ich habe keine Arbeit. Aber ich habe auch Stress. Ich muss ...
Ich bin sehr schnell nervös / ein ruhiger Mensch.
Ich habe immer Stress, wenn ...
Ich habe nie Zeit.

4.2. Lesen Sie Tipps, wie man seine Zeit gut einteilen kann. Welche finden Sie interessant, welche gefallen Ihnen weniger? Haben Sie andere Ideen?

Tipps für Ihr Zeitmanagement

1. Wie viel Zeit brauchen Sie für welche Aufgaben? Machen Sie einen Zeitplan, auch für eine ganze Arbeitswoche. Nehmen Sie sich am Morgen etwa zehn Minuten Zeit und planen Sie den Tag. Denn Planung kann viel Zeit sparen. Noch besser: Machen Sie diesen Plan schon am Abend vorher. So können Sie ganz entspannt mit Ihrem Tag anfangen.
2. Planen Sie nur 60–70 Prozent Ihrer Zeit. Der Rest bleibt für spontane Aktivitäten frei.
3. Stellen Sie die Frage: Welche Aufgaben sind für Sie wirklich wichtig? Machen Sie diese Aufgaben zuerst.
4 Fassen Sie gleiche Aufgaben zusammen. Wenn Sie z.B. mehrere Telefonate führen müssen, machen Sie das auf einmal und nicht über den ganzen Tag verteilt. Wenn Sie Ihre E-Mails checken, sehen Sie nicht jede Stunde nach, ob Sie Post haben, sondern z.B. nur zwei- bis dreimal pro Tag.
5. Nehmen Sie nicht alle Arbeiten an. Sagen Sie auch einmal ‚Nein'.
6. Machen Sie nicht alles allein. Geben Sie Arbeiten weiter.
7. Machen Sie regelmäßig Pausen. Entspannen Sie sich. Auch Gymnastik und Atemübungen können helfen.
8. Schaffen Sie Ordnung auf Ihrem Schreibtisch. Am Ende von einem Arbeitstag sortieren Sie die Papiere auf Ihrem Schreibtisch. Fertige Arbeiten räumen Sie weg. Die anderen Aufgaben bleiben für den nächsten Tag liegen. Und dann gehen Sie nach Hause, denken nicht mehr an die Arbeit und genießen Ihren Feierabend.

Ich finde es richtig, dass man zuerst die wichtigen Aufgaben macht.

Aber was ist wichtig und nicht so wichtig?

Wenn ich zu Hause bin, bin ich zu Hause. Zu Hause will ich nicht an die Arbeit denken.

So geht's

Kommunikation

Wünsche für den Arbeitsplatz formulieren

Ich möchte normale Arbeitszeiten haben. Überstunden mag ich nicht. Kontakt zu Menschen finde ich wichtig. Ich möchte gern gut verdienen.

über Zeit und Stress sprechen

Grammatik

Verben mit Reflexivpronomen im Akkusativ

Ich freue mich; *mich* = Reflexivpronomen.

Reflexivpronomen Akkusativ = Personalpronomen Akkusativ.
Anders ist nur die 3. Person Singular und Plural: *sich*.

ich freue mich	wir freuen uns
du freust dich	ihr freut euch
er/es/sie freut sich	sie / Sie freuen sich

Verben mit Präpositionen

Manche Verben haben feste Präpositionen. Man muss sie auswendig lernen.

sich ärgern über + Akk.	sich freuen auf/über + Akk.	anfangen mit + Dat.
sich beschweren über + Akk.	sich informieren über + Akk.	fragen nach + Dat.
sich bewerben um + Akk.	sich interessieren für + Akk.	telefonieren mit + Dat.
bitten um + Akk.	sich vorbereiten auf + Akk.	sprechen mit + Dat.
denken an + Akk.	warten auf + Akk.	träumen von + Dat.

Ich interessiere mich für (+ Akk) die Arbeit.
Ich telefoniere mit (+ Dat.) meiner Kollegin.

Fragen mit Präpositionen: worüber, über wen, …?

Womit telefonierst du? Mit dem Handy.
Mit wem telefonierst du? Mit meinem Freund.
Mit wo + Präposition fragt man nach Sachen,
mit Präposition + Fragewort nach Personen.

wofür	womit	worauf
wovon	wonach	worüber
		woran

Lernen lernen

A 14 **Lernkarten schreiben – zwei Beispiele:**

Einheit 8: *Wie steht mir das?*

- über Kleidung sprechen
- Reflexivpronomen im Dativ
- Modalverben: *wollen* und *sollen*
- Modalverben im Präteritum
- Wiederholung: Perfekt, unregelmäßige Formen
- Wiederholung: Adjektivdeklination

bei Regen

beim Sport

bei der Arbeit

auf einer Party

1 **Beschreiben Sie: Was für Kleidungsstücke tragen die Leute auf den Fotos? Warum?**

Der Mann trägt einen Helm.

Der Helm gehört zu seiner Arbeitskleidung.

Er muss ihn tragen, weil die Arbeit gefährlich ist.

2 **Wann tragen Sie was? Warum? Wählen Sie eine Situation, machen Sie sich Notizen und berichten Sie dann im Kurs.**

Winter: Mantel, Mütze, Schal, Handschuhe + Stiefel

Ich trage im Winter einen Mantel, eine Mütze, einen Schal, Handschuhe und Stiefel, weil es kalt ist.

1 Über Kleidung sprechen

schwarze Hosen
gestreifte T-Shirts
Sommer
Bermuda-Shorts
Winter:
warme Stiefel

1.1 **Was ziehen Sie gerne an? Notieren Sie vier Kleidungsstücke auf einem Zettel. Verteilen Sie die Zettel im Kurs. Welche Kleidung gehört zu wem?**

Er oder sie trägt gerne schwarze Hosen und gestreifte T-Shirts. Im Sommer trägt er oder sie …

Ich glaube, das ist …

1.2 **Sehen Sie sich die vier Personen an. Wie stehen ihnen die Kleidungsstücke?**

Der Pullover ist ihr zu weit.

Die Farbe steht ihr nicht.

Die Jeans ist ihm zu eng.

1.3 **Lesen Sie beide Aussagen zum Thema „Mode". Welcher stimmen Sie zu? Warum?**

„Mode gehört zur Kultur wie Musik, Kunst und Literatur. Ohne Mode ist das Leben langweilig." **1**

„Mode ist nur ein Geschäft. Deshalb gibt es jedes Jahr eine neue Mode. Aber Kleidung ist Schutz, zum Beispiel gegen Regen und Kälte, mehr nicht. Sie muss praktisch sein." **2**

Ich finde / denke, dass … Ich bin der Meinung, dass … Meiner Meinung nach …

2 Wiederholung: Adjektivdeklination

C 65–68

2.1 **Ergänzen Sie die Adjektivendungen, wo es notwendig ist.**

Herr Kühl ist ein erfolgreich..er.... Mode-Designer und er ist immer sehr elegant ..–...... angezogen. Heute trägt er eine grün......... Jeans mit einem weiß......... Streifen. Dazu ein seiden........., weiß......... Hemd mit einer grün......... Krawatte. Auch seine Unterhose ist grün........., aber man kann sie natürlich nicht sehen. Wenn Herr Kühl seine Füße auf den Tisch legt, kann man seine supermodern......... italienisch......... Schuhe und seine grün......... Socken sehen. Sein Gürtel ist aus dem best......... Leder. Besonders cool findet er seine dunkl........... Brille. Mit ihr sieht er aus wie ein amerikanisch......... Filmstar. Sein liebst......... Kleidungsstück ist das kariert......... Jackett.

2.2 **Machen Sie einen Stuhlkreis. Eine/r läuft um den Kreis und fragt nach der Kleidung der Kursteilnehmer/innen. Bei richtiger Antwort wechselt die fragende Person.**

3 Reflexivpronomen im Dativ

3.1 **Lesen und hören Sie das Gedicht. Schreiben Sie dann ein Gedicht mit eigenen Ideen.**

Was sie sich zu Weihnachten wünschen

Die Frau wünscht sich einen Ring zum Tragen.
Der Mann wünscht sich ein Hemd mit Kragen.
Das Kind wünscht sich ein Pferd zum Reiten.
Oma und Opa wünschen sich bessere Zeiten.

Was wünscht ihr euch? Wisst ihr das schon?
Wir wünschen uns ein Saxophon.
Und was wünschst du dir? Was wünschen Sie sich?
Wer? Ich? Ich wünsche mir – mich!

Die Frau wünscht sich .... Der Mann ...

C 57 3.2 **Ergänzen Sie die Tabelle. Das Gedicht in 3.1 hilft. Was ist anders als bei den Reflexivpronomen im Akkusativ? Markieren Sie die Unterschiede.**

	Reflexivpronomen im Akkusativ	Reflexivpronomen im Dativ
ich	mich	
du	dich	
er/es/sie	sich	
wir	uns	
ihr	euch	
sie/Sie	sich	

Info:
*Ich wasche **mich**.*
*Ich wasche **mir** die Hände.*
Hat der Satz eine Akkusativergänzung, steht das Reflexivpronomen im Dativ.

3.3 **In diesen Sätzen steht das Reflexivpronomen im Dativ. Ergänzen Sie.**

1. Lina zieht .... einen warmen Pullover an.
2. Kaufst du .... das karierte Hemd?
3. Merkt ihr .... eure Kleidergrößen?
4. Wir sehen .... die Sonderangebote an.
5. Tom und Ludmilla leihen .... eine DVD aus.
6. Ich wünsche .... einen iPod.

3.4 **Und Sie? Stellen Sie sich gegenseitig Fragen mit den Verben aus 3.3.**

– Was hast du dir in der letzten Zeit gekauft? **+** Ich habe mir ein Hemd gekauft.
– Was können Sie sich nicht gut merken? **+** Ich kann mir Gesichter nicht gut merken.
– Welchen Film hast du dir zuletzt angesehen? **+** ...

4 Modalverben: *wollen* und *sollen*

4.1 Sehen Sie das Bild an und hören Sie, was Thomas denkt. Ergänzen Sie dann den Text mit den Formen von *wollen* und *sollen*.

Die Eltern von Thomas ....wollen...., dass er sich warm anzieht. Sie sagen, dass er ein warmes Unterhemd und einen dicken Pullover tragen ....soll..... Seine Mutter sagt, dass er eine Mütze aufsetzen .... Sein Vater ...., dass er Handschuhe anzieht. Thomas .... die Sachen aber nicht tragen. Seine Oma ...., dass er warme Stiefel trägt. Und sie sagt, dass er einen Schal anziehen .... Er .... aber nicht.

C 27.2

4.2 In der Tabelle finden sie die wichtigsten Bedeutungen von *wollen* und *sollen*. Wie sagt man das in Ihrer Sprache? Vergleichen Sie.

Modalverb	Beispiel	Bedeutung	In Ihrer Sprache
wollen	Ich will ein Kleid kaufen. Ich will die Hose **nicht** anziehen!	Wille / Wunsch Weigerung	
sollen	Ich soll die Jacke anziehen.	Auftrag / Wunsch einer anderen Person	

4.3 Machen Sie eine Grammatiktabelle mit allen Modalverben und markieren Sie die gleichen Endungen.

Infinitiv	dürfen	können	möchten	müssen	sollen	wollen
ich	darf	kann	möchte			
du	darfst					

*Info: **Möchten** ist eine Form von **mögen** mit der Bedeutung „Wunsch".*

4.4 Eva Nyström hat Geburtstag. Ein Freund überlegt: „Was schenke ich ihr?" Lesen Sie den Text und ergänzen Sie die Modalverben.

Eva sagt, ich .... ihr nichts schenken, ich .... ihr aber etwas mitbringen. Vielleicht eine Flasche Wein? Nein, Ludmilla und Tom .... ihr schon einen guten Wein schenken. Aber was dann? Ein Buch oder eine CD? Ich .... ja im Kaufhaus etwas für sie aussuchen. Aber dann .... ich vorher noch zum Geldautomaten gehen. Oh, es ist schon spät, ich .... sofort losgehen. Ach, ich .... sie ja nächste Woche zum Italiener einladen. Habe ich alles? Ich .... auf keinen Fall die Geburtstagskarte vergessen.

5 Modalverben im Präteritum

5.1 Sehen Sie sich das Foto an und hören Sie den Dialog von Enkel und Großvater. Beantworten Sie die Fragen zum Text.

1 Wie alt war der Großvater auf dem Bild? Wie alt ist er heute?
2 Was hat der Großvater als Kind nach dem Krieg angezogen?
3 Womit hat der Großvater damals gespielt?

C 19.2

5.2 Markieren Sie die Formen von *müssen* im Dialog und ergänzen Sie die Tabelle. Tragen Sie dann die Modalverben *dürfen*, *können*, *sollen* und *wollen* im Präteritum ein.

Paul: Opa, bist du das auf dem Foto?
Karl-Heinz: Ja, das bin ich. Da war ich sieben Jahre alt.
Paul: Da hast du aber komische Sachen an. Musstest du die anziehen?
Karl-Heinz: Ja, wir hatten fast nichts zum Anziehen. Das war kurz nach dem Krieg, 1946. Ich musste die Schuhe, Hosen und Pullover von meinen älteren Geschwistern tragen. Und meine Mutter musste alles selber nähen und ändern. Sie konnte gut nähen, aber sie hatte nicht immer Material.
Paul: Warum habt ihr keine neuen Sachen gekauft?
Karl-Heinz: Wir hatten kaum Geld. Meine Eltern mussten viel arbeiten, aber es war nie genug. Und man konnte kaum etwas kaufen. Wir mussten immer vorsichtig sein, mit unserer Kleidung. Die Sachen sollten nicht schmutzig werden. Wir hatten auch kein Spielzeug so wie du heute. Wir mussten mit Stöcken und Steinen spielen.

	müssen				
ich		konn te	durf te	woll te	soll te
du					
er/es/sie					
wir					
ihr	musstet				
sie/Sie					

*Info: Für die Vergangenheit verwendet man bei den Modalverben meistens das Präteritum – wie bei den Verben **haben** und **sein**. Für **möchten** benutzt man im Präteritum **wollen**. (Z. B.: Gestern wollte ich in die Stadt gehen, heute möchte ich lieber zu Hause bleiben.)*

5.3 Mit 3, 6, 10, … Jahren: Schreiben Sie auf und berichten Sie, was Sie (nicht) *wollten*, *durften*, *konnten*, *sollten* oder *mussten*.

Mit 3 wollte ich nicht leise sein.

Mit 6 musste ich in die Schule gehen.

Mit 10 sollte ich brav sein.

Mit 12 durfte ich keinen Freund haben.

Mit 18 konnte ich Auto fahren.

…

6 Ein Traum

6.1 Schauen Sie sich die Zeichnung genau an. Achten Sie auch auf Details und schreiben Sie drei Vermutungen zu der Zeichnung auf.

Ich glaube, der Mann hat schlecht geschlafen. Ich denke, er hat …

6.2 Hören Sie jetzt die CD. Was verstehen Sie? Machen Sie Notizen. Waren Ihre Vermutungen richtig?

6.3 Hören Sie die CD noch einmal und bringen Sie dann die Bilder in die richtige Reihenfolge. Kontrollieren Sie mit dem Text.

\+ Guten Morgen. Liebling. Hast du gut geschlafen?
– Nein, ich habe einen blöden Traum gehabt.
\+ Was hast du denn geträumt?
– Ich habe zwei alte Freunde getroffen, Rainer und Martin. Martin hat in einem kleinen Theater gearbeitet. Wir sind in das Theater gegangen und haben da viel Bier getrunken. Es war sehr lustig. Dann haben wir uns Kostüme angezogen. Rainer wollte sich ein Königskostüm anziehen, aber es war zu eng. Martin und ich haben zugesehen und gelacht. Dann habe ich ein hässliches Jackett, Clownschuhe und einen komischen Hut gefunden. Ich habe die Sachen angezogen, aber ich habe mir darin nicht gefallen. Es hat schrecklich ausgesehen. Plötzlich war ich auf der Straße und habe „I'm singing in the rain" gesungen. Ein Hund hat auch mitgesungen. Ich glaube, ich habe ihn mitgenommen. Danach weiß ich nichts mehr.

7 Unregelmäßige Verben im Perfekt

C 24 **7.1** Im Dialog 6.3 finden Sie Partizipien II mit der Endung *-en*. Das sind Partizipien von unregelmäßigen Verben. Machen Sie eine Liste im Heft.

Infinitiv	Vokalwechsel	Partizip II
schlafen		geschlafen
treffen	e → o	getroffen

Lerntipp: Welche Verben sind regelmäßig? Welche Verben sind unregelmäßig? Das können Sie nicht am Infinitiv erkennen. Deshalb: Verben immer mit Partizip II lernen.

7.2 Sie hören von der CD 15 Partizip-II-Formen von Verben, die Sie schon kennen – regelmäßige und unregelmäßige. Schreiben Sie die Infinitive.

7.3 Gemeinsam schreiben: Erfinden Sie zusammen einen Traum in der Klasse. A schreibt einen Satz und reicht das Blatt weiter, B schreibt den nächsten Satz und knickt den Satz von A nach hinten um. C liest nur den Satz von B und schreibt weiter.

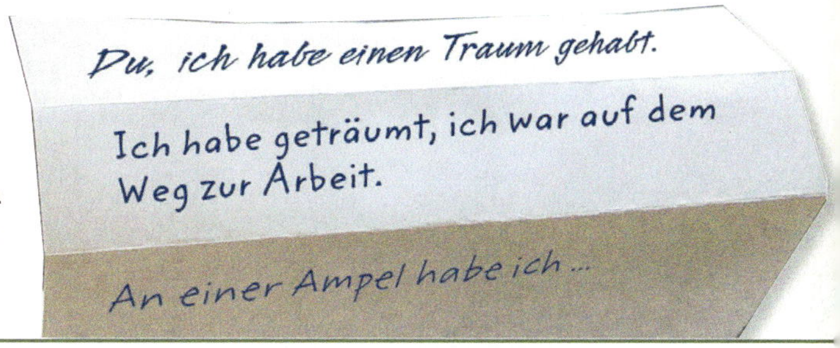

8 Die Geschichte der Jeans

8.1 Was fällt Ihnen zum Thema „Jeans" ein? Wer trägt sie? Wo? Wann? Wann nicht? Schreiben Sie Stichwörter auf und vergleichen Sie.

8.2 **Hören und lesen Sie den ersten Teil des Interviews und notieren Sie fünf Stichwörter, die Sie für das Textverstehen für wichtig halten.**

Die Geschichte der Jeans

Ein Interview mit dem Mode-Designer Thorsten Kühl

von Peter Johannsen

Johannsen: Herr Kühl, Sie haben sich intensiv mit der Geschichte der Jeans beschäftigt. Warum?

Kühl: Ich mag Jeans. Jeans sind einfach toll. Ich finde es faszinierend, dass ein Bekleidungsstück in der ganzen Welt getragen wird. Sie sind bequem, praktisch und robust. Mich hat interessiert, wie die Jeans entstanden ist und wie sie ihre Position in der Modewelt bekommen konnte.

Johannsen: Wie hat die Geschichte der Jeans angefangen?

Kühl: Sie hat mit einem Deutschen angefangen, Levi Strauss. Er hat in einer kleinen Stadt zwischen Nürnberg und Bamberg gewohnt, in Buttenheim. Mit 18 Jahren, das war 1847 – glaube ich – sind seine Mutter, seine Geschwister und er mit dem Schiff nach New York gefahren. Sie wollten in der „Neuen Welt" ihr Glück machen. Die zwei älteren Brüder haben dort schon gelebt und haben mit Stoffen gehandelt. Nach drei Jahren, also 1850, sind Hunderttausende in den Westen Amerikas gezogen, weil sie Gold suchen wollten. Das war der „Goldrausch". Auch Levi Strauss ist nach Kalifornien gezogen. Aber er hat nicht wie die anderen Gold gesucht, er wollte braunes Segeltuch für Zelte und Wagenplanen an die Goldsucher verkaufen.

Johannsen: Und wie ist aus diesem Geschäft die Jeans entstanden?

Kühl: Die Goldgräber mussten feste Kleidung haben, vor allem robuste Hosen. Die Kleidung musste viel aushalten bei der Arbeit. Also hat Levi Strauss aus seinem Segeltuch Hosen produziert. Er hat sie Halb-Overalls genannt. Die Hosen waren genau richtig für die harten Männer. Alle wollten „Levis Hosen" und Strauss hat ein prima Geschäft mit den Hosen gemacht. Schon bald hat er dann seine Overalls aus einem Baumwollstoff produziert. Der ist aus der französischen Stadt Nîmes gekommen und hatte den Namen „Serge de Nîmes". Strauss hat den Stoff mit der Naturfarbe „Indigo Blau" gefärbt. Denn das ist die traditionelle Farbe der Arbeiterkleidung. Die Amerikaner haben dann aus „Serge de Nîmes" kurz den Namen „Denim" gemacht.

Johannsen: Haben die Jeans von Strauss schon so ausgesehen wie die heutigen Jeans?

Kühl: Zuerst nicht. Sie waren zuerst wie normale Arbeiterhosen. Aber dann war da die Geschichte mit „Alkali Ike". Ike war Goldgräber und hat sein Gold immer in die Hosentaschen gesteckt. Aber weil Gold ja bekanntlich schwer ist, sind seine Hosentaschen ständig kaputt gegangen und er musste immer wieder zu seinem Schneider, Mr. Davis. Der hatte eine einfache, aber geniale Idee. Er hat Kupfernieten genommen und die Hosentaschen von Ike mit dem Hammer angenietet. Diese Erfindung hat Levi Strauss 1872 gekauft und 1873 zum Patent angemeldet. Viele Jahre lang durften deshalb nur Levis Hosen Nieten haben.

Johannsen: Wie ist es dann weitergegangen?

Kühl: 1890 hat Strauss eine Firma mit 40 Angestellten gegründet, die Levi Strauss & Co. Die blaue Arbeitshose ist sehr beliebt gewesen und Strauss hat sehr viel Geld verdient. Der Bayer ist 1902 in Amerika gestorben, aber seine Hosen haben eine weltweite Karriere gemacht.

8.3 Sammeln Sie Ihre Stichwörter an der Tafel und entscheiden Sie gemeinsam, welche die zehn wichtigsten sind. Versuchen Sie mit diesen zehn Stichwörtern die Geschichte der Jeans zu erzählen.

8.4 Hier finden Sie zehn Aussagen zum Text. Drei davon sind falsch. Welche?

1. Levi Strauss hat in einer Kleinstadt in Bayern gewohnt, bis er 18 war.
2. 1947 ist er nach Amerika gefahren, weil er Jeans produzieren wollte.
3. Er ist nach Kalifornien gegangen und hat Gold gesucht.
4. Die Goldgräber mussten robuste Kleidung für ihre Arbeit haben.
5. Levi Strauss hat Hosen für die Arbeiter produziert.
6. Der Schneider Davis hat Nieten an die Hosentaschen gemacht, weil die Hosen damit besser ausgesehen haben.
7. 1872 hat Strauss die Erfindung mit den Nieten gekauft.
8. Später hat Levi Strauss eine Firma gegründet und noch mehr Jeans produziert.
9. 1902 ist Strauss gestorben.
10. Mit dem Tod von Strauss war die Jeans-Karriere zu Ende.

8.5 Wie geht das Interview weiter? Lesen Sie die Fragen von Peter Johannsen und sammeln Sie zu zweit Ideen für die Antworten. Vergleichen Sie im Kurs. Hören Sie dann den zweiten Teil des Interviews.

Johannsen: Wann sind die Arbeiterhosen in Mode gekommen?

...

Johannsen: Was hat sich seit den 70er Jahren verändert?

8.6 Lesen Sie die Fragen und machen Sie Notizen. Vergleichen Sie Ihre Antworten zu Frage 1 mit Ihrer Partnerin/Ihrem Partner und diskutieren Sie die Fragen 2 und 3 im Kurs.

1 Welche Informationen aus dem Interview sind neu für Sie?
2 Welche Bekleidungsteile aus Jeansstoff mögen Sie, welche mögen Sie nicht?
3 Hat eine Jeans eine Bedeutung für Sie? Wenn ja, welche?

So geht's

Kommunikation

über Kleidung sprechen

Der Mann hat einen Anzug, ein Hemd und eine Krawatte an.

Der Mann möchte modisch sein.

Der Anzug steht ihm gut.

Aber die Krawatte passt nicht zum Hemd.

Grammatik

Reflexivpronomen im Dativ

	Reflexivpronomen im Dativ
ich	mir
du	dir
er / es / sie	sich
wir	uns
ihr	euch
sie / Sie	sich

Modalverben: *wollen* und *sollen*

	wollen	**sollen**
ich	will	soll
du	willst	sollst
er / es / sie	will	soll
wir	wollen	sollen
ihr	wollt	sollt
sie / Sie	wollen	sollen

Modalverben im Präteritum

	müssen	**können**	**dürfen**	**wollen**	**sollen**
ich	musste	konnte	durfte	wollte	sollte
du	musstest	konntest	durftest	wolltest	solltest
er / es / sie	musste	konnte	durfte	wollte	sollte
wir	mussten	konnten	durften	wollten	sollten
ihr	musstet	konntet	durftet	wolltet	solltet
sie / Sie	mussten	konnten	durften	wollten	wollten

Lernen lernen

A 17.5 **Übungen selber machen**

- einen Text abschreiben und dabei Lücken lassen (z. B. für neue Wörter, Verben, Adjektive …)
- Übung nach ein oder zwei Tagen machen

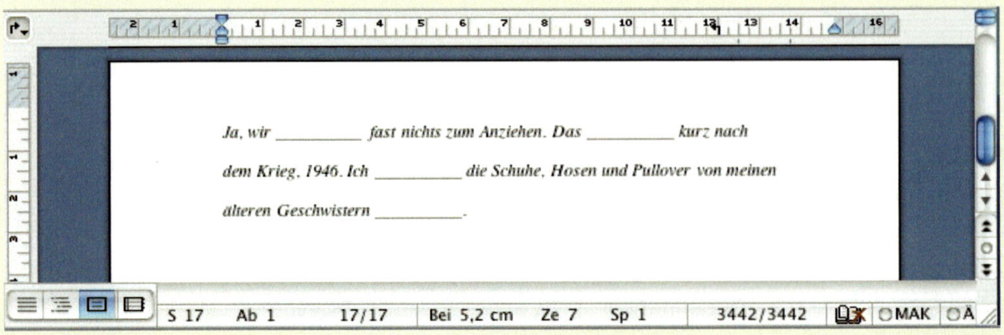

Option 2

- Inhalte der Einheiten 5–8 wiederholen
- ein Spiel
- ein Liebeslied
- ein Gedicht
- ein Cartoon
- Phonetik: Rhythmus und Melodie (Betonung – Stimmung – Wirkung)
- Aussprache (der Hauchlaut **h**)
- Selbstevaluation: Was kann ich?

1 Drei in einer Reihe

Spielregeln:

1. Immer zwei Kursteilnehmer/innen (X/O) spielen zusammen.
2. Bearbeiten Sie eine Aufgabe und markieren Sie das Feld mit dem Bleistift. (X/O)
3. Haben Sie drei Felder in einer Reihe? Dann haben Sie gewonnen.

Was haben Sie heute an? Nennen Sie drei Kleidungsstücke und die Farben. Ich habe eine grüne Jeans an.	Ergänzen Sie die Sätze: Ich schenke …, weil … aber … denn …	Nennen Sie fünf Dinge auf dem Tisch. 	Was haben Sie nicht in der Schule gelernt? Nennen Sie drei Dinge. 
Ergänzen Sie: Ich freue mich … Ich ärgere mich … Interessierst du dich …?	Was wollten / mussten / konnten Sie mit 15 Jahren? Nennen Sie vier Dinge. 	Ergänzen Sie: Ich muss früh aufstehen, weil … Ich muss arbeiten, weil … Ich weiß, dass …	Ergänzen Sie: Wenn ich viel Zeit habe, … Wenn ich keine Lust habe, … Wenn ich viel Geld habe, …
Antworten Sie: – Wo sind Sie am Freitag um 15:00 Uhr gewesen? – Was haben Sie da gemacht? – Wohin sind Sie danach gegangen?	Nennen Sie fünf Speisen mit Artikel. 	Wem bringen Sie was aus dem Urlaub mit? Drei Sätze. Meinem … bringe ich … mit. Meiner …	Sie sind auf dem Bahnhof in Frankfurt und wollen nach München fahren. Stellen Sie drei Fragen. 
Was möchten Sie noch lernen? Nennen Sie zwei Dinge. 	Konjugieren Sie *können* und *müssen* im Präteritum. ich … du … er, es, sie … wir	Sie telefonieren mit dem Hotel „Europa". Fragen Sie: – Preis für eine Übernachtung? – Zimmer frei am 23.07.? – Sauna?	Nennen Sie 3 Informationen zu Levi Strauss. 

2 Verabredungen

2.1 Redemittel zum Thema „Verabredungen“ sammeln. Machen Sie eine Liste an der Tafel.

Vorschläge machen	einen Vorschlag ablehnen	einen Vorschlag annehmen
Möchtest du was essen gehen?	Nein, ich habe keinen Hunger.	Ja, gerne!

2.2 Eine Wunschwoche: Machen Sie eine eigene Übung.

Stellen Sie sich vor, Sie haben eine Woche ganz für sich. Sie können alles tun, was Sie gern möchten. Planen Sie Ihre Wunschwoche mit dem Wochenplan. Tragen Sie alles ein, was Sie machen möchten. Wählen Sie dann einen Partner/eine Partnerin. Fragen Sie, was Sie zusammen machen wollen. Verabreden Sie sich mit Tag und Uhrzeit (mindestens ein Termin). Benutzen Sie Ihren Wochenplan.

	Montag	Dienstag	Mittwoch	Donnerstag	Freitag	Samstag	Sonntag
6–8							
8–10							
10–12							
12–14							
14–16							
16–18							
18–20							
20–22							
22–24							
0–2							
2–4							
4–6							

3 Ein Liebeslied

3.1 Wiederholung: Erinnern Sie sich an die Reflexivpronomen im Akkusativ? Ergänzen Sie die fehlenden Reflexivpronomen im Text und kontrollieren Sie Ihre Lösung mit dem Lied.

Meistens liebt er nur … und meistens liebt sie nur ...., aber das macht nichts, denn sie lieben .... nicht.	Du liebst .... manchmal nicht und Sie lieben .... auch manchmal nicht, aber macht das was? Ihr liebt .... ja nicht.
(Refrain)	(Refrain)
Wenn manche .... seh´n, dann langweilen sie ...., aber das macht was und deshalb trennen sie	Manchmal liebe ich .... nicht und manchmal liebst du .... nicht, aber das macht nichts, denn wir lieben ja ....
(Refrain)	

4 Lebenssituationen

4.1 Wählen Sie eine Aufgabe aus.

1. Vergleichen sie Ihr Leben heute mit dem Leben früher.
2. Leben Sie in einem deutschsprachigen Land? Vergleichen Sie Ihr Leben hier und in der Heimat.

Schreiben Sie einen kurzen Text. Die Wörter unten helfen.

Früher	aufstehen (müssen/können)	um … Uhr
Heute	frühstücken	… Stunden
Zu Hause	zur Arbeit / in die Universität / … gehen	nach der Arbeit
In Deutschland	mit dem Bus / Zug / Fahrrad / … fahren	am Wochenende
	arbeiten (müssen/können)	jeden Tag
	in der Kantine / zu Hause / … essen	jeden Monat
	einkaufen	oft
	in ein Café / in ein Restaurant gehen	selten
	kochen	manchmal
	traurig sein	nie
	müde sein	…
	…	

Früher und heute

Früher bin ich um 7 Uhr aufgestanden. Dann habe ich gefrühstückt und bin um 7.30 Uhr mit dem Fahrrad zur Schule gefahren. Heute muss ich um 6 Uhr aufstehen. …

5 Leseecke

5.1 Lesen Sie das Gedicht und stellen Sie sich selbst und Ihrem Nachbarn/Ihrer Nachbarin Fragen. Die Sprechblasen helfen Ihnen.

Karlhans Frank

Du und ich

Du bist anders als ich,
ich bin anders als du.
Gehen wir auf-
einander zu,
schauen uns an,
erzählen uns dann,
was du gut kannst,
was ich nicht kann,
was ich so treibe,
was du so machst,
worüber du weinst,
worüber du lachst,
ob du Angst spürst bei Nacht,
welche Sorgen ich trag,
welche Wünsche du hast,
welche Farben ich mag,
was traurig mich stimmt,
was Freude mir bringt,
wie wer was bei euch kocht,
wer was wie bei uns singt …
Und plötzlich erkennen wir
– waren wir blind? –
dass wir innen uns
äußerst ähnlich sind.

6 Vater & Sohn

Info: Sein richtiger Name war Erich Ohser. Ab 1933 hatte er das Pseudonym „e.o. plauen". Er zeichnete Karikaturen u.a. für die „Neue Leipziger Zeitung" und die Zeitung der Sozialdemokratischen Partei Deutschlands, den „Vorwärts". Noch heute ist e.o. plauen für seine Geschichten von „Vater und Sohn" bekannt. Die Nationalsozialisten verhafteten e.o. plauen. 1944 beging er im Gefängnis Selbstmord.

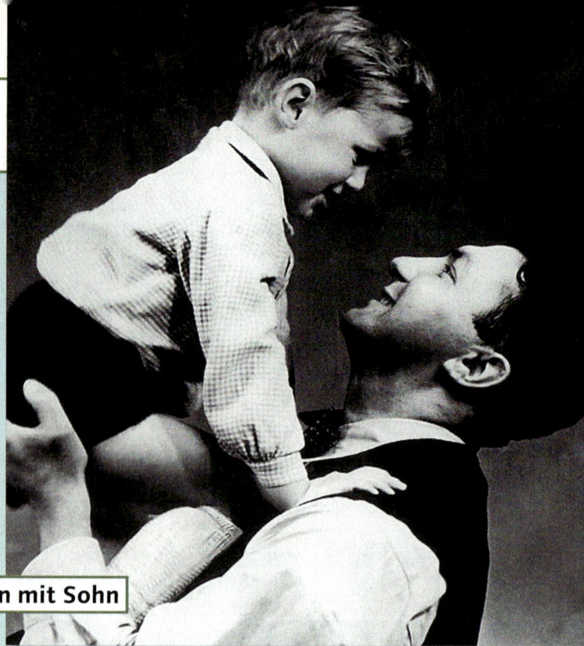

e.o. plauen mit Sohn

6.1 Ordnen Sie die Bilder und vergleichen Sie Ihre Ergebnisse.

6.2 Ordnen Sie die Stichwörter den Bildern zu und schreiben Sie einen Text zu den Bildern in der richtigen Reihenfolge.

1 ☐ Vater – sagen – Sohn – Essen – gehen sollen / Vater – Buch – sehen / interessant

2 ☐ Mutter – Essen – Tisch – stellen / Vater – Tisch – sitzen – Hunger haben / aber – Mutter – wollen – Vater – Sohn holen

3 ☐ Sohn – Kinderzimmer – gehen / Vater – Kinderzimmer – Fußboden – liegen – Buch – lesen

4 ☐ Vater – Kinderzimmer – gehen / Sohn – Kinderzimmer – Fußboden – liegen – Buch – lesen

5 ☐ Mutter – Sohn – sagen – Vater – holen sollen / Essen – kalt sein

6 ☐ Sohn – Mutter – Tisch – sitzen / Vater – jetzt – nicht da sein

6.3 Geben Sie Ihrem Text eine Überschrift und lesen Sie vor.

7 Phonetik: Rhythmus, Melodie und Aussprache

Rhythmus und Melodie

1 Mit „bitte“ oder ohne „bitte“ – Der Ton macht die Musik!

a. Wie sprechen die Leute? Hören Sie und kreuzen Sie an.

	☺	😐	☹
1. Bringen Sie uns bitte noch Salz.			
2. Ich hatte eine Suppe bestellt, keinen Salat.			
3. Können Sie mir noch Brot bringen?			
4. Ich hätte gerne einen kleinen Salat.			
5. Können Sie mir bitte ein Glas bringen?			
6. Können wir zahlen?			

	☺	😐	☹
1. Möchten Sie Kartoffeln oder Reis?			
2. Sie wünschen?			
3. Was hätten Sie gerne?			
4. Was möchten Sie trinken?			
5. Ja, ich komme sofort.			

b. Sprechen Sie die Sätze entweder freundlich, neutral oder genervt, Ihr Partner hört zu und kreuzt an.

Aussprache

2 Der Hauchlaut h

a. Welches Wort hören Sie? Bitte kreuzen Sie an.

1. hin – in   **2.** Hälfte – elfte (11.)   **3.** Hals – als

4. halten – Alten   **5.** Haus – aus   **6.** heiß – Eis

7. her – er   **8.** hier – ihr

b. Hören Sie die Paare und sprechen Sie nach.

3 Vokal + h (ah eh ieh oh uh äh öh üh): Das h spricht man nicht, der Vokal ist lang.

a. Hören Sie und sprechen Sie nach.

fahren > das Jahr > mehr > der Fehler > empfehlen >
er sieht > froh > der Schuh > fröhlich > früh

4 Lesen Sie laut.

– Hallo Andy, gib mir das Handy!   – Hat Heinz heute hier geheiratet?
– Es ist heute sehr heiß, ich empfehle Ihnen ein Eis.

Selbstevaluation

1. **Lesen Sie die Aussagen links und bearbeiten Sie dann die Aufgaben rechts.**

☐	**1.** Ich kann ein Anmeldeformular ausfüllen.	Familienname: Vorname: Straße: Hausnummer:
☐	**2.** Ich kann sagen, wo ich bin.	• Museum • Strand • Hause Wo bist du?
☐	**3.** Ich kann sagen, wohin ich gehe.	• Supermarkt • Stadt • Hause Wohin gehst du?
☐	**4.** Ich kann Essen bestellen.	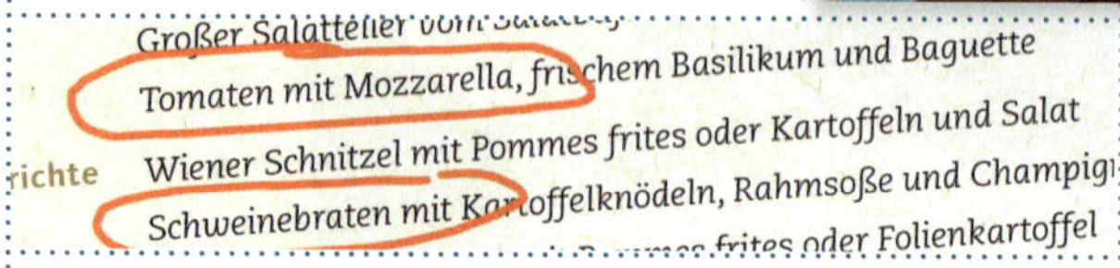
☐	**5.** Ich kann Gegenstände auf dem Tisch benennen.	 das Besteck: das ..., die ..., der ...
☐	**6.** Ich kann über Berufe sprechen.	**Nennen Sie drei Eigenschaften für den Beruf „Briefträger".** 
☐	**7.** Ich kann nach Personen und Sachen fragen.	**Wie heißen die Fragen?** – Auf meine Freundin. – Über mein Geburtstagsgeschenk. – Über die vielen Hausaufgaben. – Für Goethe und Schiller.
☐	**8.** Ich kann Kleidung kommentieren	Wie steht mir das? 
☐	**9.** Ich kann sagen, was ich früher wollte, sollte, ...	– keinen Kaffee trinken – groß sein – im Haushalt helfen

2. **Markieren Sie ✓ für kann ich und ○ für *kann ich nicht so gut*.**

3. **Korrigieren Sie mit den Lösungen im Anhang. Wie ist Ihr Ergebnis? Ziehen Sie eine Bilanz.**

++	+	–	––

Anhang

Grammatiküberblick

C 10–15

1 Verben

C 16, C17

1.1 Verben im Präsens

	regelmäßige Verben: Der Verbstamm ist bei allen Personen gleich.		**unregelmäßige Verben:** Der Verbstamm ist bei manchen Verbformen verschieden. Deshalb muss man bei diesen Verben immer die Stammformen lernen.
	Infinitiv: wohn en	**Infinitiv: arbeit en**	**Infinitiv: sprech en**
ich	wohne	arbeite	spreche
du	wohnst	arbeitest	sprichst
er/es/sie	wohnt	arbeitet	spricht
wir	wohnen	arbeiten	sprechen
ihr	wohnt	arbeitet	sprecht
sie/Sie	wohnen	arbeiten	sprechen

Wohn st du in Frankfurt?
Er arbeit et bei der Telekom Austria.
Sie sprich t Englisch und Spanisch.

C 27.1

1.2 Die Verben *haben* und *sein*: Präsens, Präteritum und Perfekt

Für den Ausdruck der Vergangenheit benutzt man die Verben *haben* und *sein* meistens im Präteritum.

haben			
	Präsens	**Präteritum**	**Perfekt**
ich	habe	hatte	habe gehabt
du	hast	hattest	hast gehabt
er/es/sie	hat	hatte	hat gehabt
wir	haben	hatten	haben gehabt
ihr	habt	hattet	habt gehabt
sie/Sie	haben	hatten	haben gehabt

sein			
	Präsens	**Präteritum**	**Perfekt**
ich	bin	war	bin gewesen
du	bist	warst	bist gewesen
er/es/sie	ist	war	ist gewesen
wir	sind	waren	sind gewesen
ihr	seid	wart	seid gewesen
sie/Sie	sind	waren	sind gewesen

Ich bin Sekretärin und Julian ist Student.
Wir haben Zeit.
Sie hatte gestern keine Lust.
Warst du bei Claudia?

C 25.1

1.3 Trennbare Verben

aus fallen   statt finden

	Fällt	der Unterricht heute	aus?
Der Unterricht	fällt	heute	aus.
Wann	findet	der Unterricht wieder	statt?

C 25.2

1.4 Untrennbare Verben

Untrennbare Verben haben eine Vorsilbe (z. B. **be-**, **ent-**, **er-**, **ge-** oder **ver-**). Die Vorsilbe wird nicht abgetrennt und auch nicht betont.

> Ich besuche meine Schwester. > Peter erzählt von seiner neuen Arbeit.
> Anne vergisst oft ihren Schlüssel.

C 27.2

1.5 Modalverben

1.5.1 Modalverben im Präsens

	dürfen	**können**	**müssen**	**wollen**	**sollen**	**(möchten)**
ich	darf	kann	muss	will	soll	möchte
du	darfst	kannst	musst	willst	sollst	möchtest
er/sie/es	darf	kann	muss	will	soll	möchte
wir	dürfen	können	müssen	wollen	sollen	möchten
ihr	dürft	könnt	müsst	wollt	sollt	möchtet
sie/Sie	dürfen	können	müssen	wollen	sollen	möchten

Ich muss zwei Stunden warten.
Er darf mit meinem Auto fahren.
Sie können schon viel verstehen.
Sabine will heute Abend tanzen.
Dirk soll heute Überstunden machen.
Möchtest du gerne ins Kino gehen?

1.5.2 Modalverben: Verneinung

Ich kann nicht schwimmen. (Ich habe es nicht gelernt.)
Sie muss heute nicht arbeiten. (Sie hat frei.)
Sie dürfen hier nicht parken. (Hier ist Parkverbot.)
Er will nicht mitkommen. (Er hat keine Lust.)
Ich möchte/mag nichts essen. (Ich habe keinen Hunger.)
Thomas soll nicht so lange fernsehen. (Seine Mutter will das nicht.)

1.5.3 Modalverben im Präteritum

	müssen	**können**	**dürfen**	**wollen**	**sollen**
ich	musste	konnte	durfte	wollte	sollte
du	musstest	konntest	durftest	wolltest	solltest
er/es/sie	musste	konnte	durfte	wollte	sollte
wir	mussten	konnten	durften	wollten	sollten
ihr	musstet	konntet	durftet	wolltet	solltet
sie/Sie	mussten	konnten	durften	wollten	sollten

Möchten wird im Präteritum durch **wollen** ersetzt.

> Ich **möchte** ins Konzert gehen. (Präsens)
> Ich **wollte** ins Konzert gehen. (Präteritum)

1.6 Verben mit Präpositionen (siehe auch 3.3)

Manche Verben kommen oft mit bestimmten Präpositionen vor. Verb und Präpositionen lernt man am besten zusammen.

> Ich **interessiere** mich **für** alte Uhren. > Sonja **telefoniert mit** ihrer Schwester.

C 26

1.7 Verben mit Reflexivpronomen im Akkusativ und Dativ

Hat der Satz eine Akkusativergänzung, steht das Reflexivpronomen im Dativ.

> Ich **ziehe mich** an. > Ich **ziehe mir** einen Pullover an.

C 20.5

1.8 Imperativ

Infinitiv	**2. Pers. Sing.**	**2. Pers. Plur.**	**formell**
gehen	geh	geht	gehen Sie
nachschlagen	schlag nach	schlagt nach	schlagen Sie nach
trinken	trink	trinkt	trinken Sie
sein	sei	seid	seien Sie

Gehen Sie die Bahnhofstraße entlang!
Trinkt mehr Milch!
Schlag im Wörterbuch nach!

C 18, C 19.5

1.9 Verben im Perfekt

1.9.1 Perfekt mit *haben* (regelmäßige Verben)

	haben (Hilfsverb)	**Partizip II**	**Infinitiv**
ich	habe	gewohnt	(wohnen)
du	hast	gelebt	(leben)
er/es/sie	hat	gearbeitet	(arbeiten)
wir	haben	gemacht	(machen)
ihr	habt	gelernt	(lernen)
sie/Sie	haben	gekauft	(kaufen)

Ich habe in Österreich gewohnt.
Habt ihr gestern die Hausaufgaben gemacht?
Wo hat sie gearbeitet?

1.9.2 Perfekt mit *haben* (unregelmäßige Verben)

Bei den unregelmäßigen Verben endet das Partizip II oft mit *-en* und der Vokal im Verbstamm ist oft unterschiedlich (finden – gefunden = Vokalwechsel). Deshalb muss man bei diesen Verben immer die Partizipien lernen.

Infinitiv	**Partizip II**
sprechen	gesprochen
ausleihen	ausgeliehen
finden	gefunden

Andreas hat die CD ausgeliehen.
Haben Sie mit Herrn Müller gesprochen?
Wo hast du das Geld gefunden?

1.9.3 Perfekt mit Verben auf *-ieren*

Verben auf *-ieren* bilden das Partizip II nur mit dem Stamm und der Endung *-t*.

Infinitiv	**Partizip II**
telefonieren	telefoniert
studieren	studiert
funktionieren	funktioniert

1.9.4 Perfekt mit *sein*

Einige Verben bilden das Perfekt mit *sein*. Das sind Verben der Fortbewegung oder der Zustandsveränderung (z. B. *gehen, fliegen, fahren, kommen, aufstehen, einschlafen*) und die Verben *bleiben, sein, passieren*.

	sein	Partizip II	Infinitiv
ich	bin	gefahren	(fahren)
du	bist	geblieben	(bleiben)
er/es/sie	ist	gewesen	(sein)
wir	sind	geflogen	(fliegen)
ihr	seid	aufgestanden	(aufstehen)
sie/Sie	sind	gegangen	(gehen)

C 25.2
1.9.5 Untrennbare Verben im Perfekt

Untrennbare Verben bilden das Partizip II ohne *ge-*.

> Ich habe meine Freunde **besucht**. (besuchen)
> Andreas hat den Termin **vergessen**. (vergessen)
> Haben Sie die Sätze **ergänzt**? (ergänzen)
> Der Film hat uns gut **gefallen**. (gefallen)

C 28, C 38, C 39
2 Nomen, Begleiter und Pronomen

C 31–33
2.1 Plural der Nomen

Im Deutschen gibt es verschiedene Pluralendungen, deshalb lernt man Nomen immer mit Pluralform.

- Die häufigsten Pluralendungen sind *-(e)n* und *-n*.
- Die meisten maskulinen Nomen haben im Plural die Endung *-e*.
- Die meisten femininen Nomen haben im Plural die Endung *-(e)n*.

Die fünf wichtigsten Pluralendungen sind:

	Singular	Plural
—	der Lehrer	die Lehrer
¨	die Mutter	die Mütter
—e	der Kurs	die Kurse
¨e	die Nacht	die Nächte
—er	das Kind	die Kinder
¨er	das Wort	die Wörter
—(e)n	der Name	die Namen
	die Frau	die Frauen
—s	das Auto	die Autos

C 34, C 36
2.2 Nomen und Artikel: Nominativ, Akkusativ und Dativ

	Maskulinum Singular	Maskulinum Plural	Neutrum Singular	Neutrum Plural	Femininum Singular	Femininum Plural
Nominativ	der Mann ein Mann	die Männer – Männer	das Haus ein Haus	die Häuser – Häuser	die Frau eine Frau	die Frauen – Frauen
Akkusativ	den Mann einen Mann	die Männer – Männer	das Haus ein Haus	die Häuser – Häuser	die Frau eine Frau	die Frauen – Frauen
Dativ	dem Mann einem Mann	den Männern – Männern	dem Haus einem Haus	den Häusern – Häusern	der Frau einer Frau	den Frauen – Frauen

Ich (N) hätte gerne einen Liter Milch (A), ein Kilo Kartoffeln (A) und eine Flasche Öl (A).
Er (N) gibt der Lehrerin (D) das Buch (A) zurück.

Kein hat im Nominativ, Akkusativ und Dativ Singular die gleichen Endungen wie **ein** (Nominativ: kein Mann, kein Haus, keine Frau, Akkusativ: keinen Mann, kein Haus, keine Frau, Dativ: keinem Mann, keinem Haus, keiner Frau).
Kein im Nominativ und Akkusativ Plural ist **keine** (keine Männer, keine Häuser, keine Frauen), im Dativ Plural **keinen** (keinen Männern, keinen Häusern, keinen Frauen).

Wir (N) haben leider keine Kartoffeln (A).
Ich (N) habe an keinem Tag (D) Zeit (A).

C 53, C 54

2.3 Personalpronomen: Nominativ, Akkusativ und Dativ

		Nominativ	Akkusativ	Dativ
Singular	1. Person	ich	mich	mir
	2. Person	du	dich	dir
	3. Person	er / es / sie	ihn / es / sie	ihm / ihm / ihr
Plural	1. Person	wir	uns	uns
	2. Person	ihr	euch	euch
	3. Person	sie / Sie	sie / Sie	ihnen / Ihnen

> Ich denke an **ihn**. > Verstehen Sie **mich**? > Gibst du **mir** das Buch? > Der Film hat **ihm** gut gefallen.

C 55, C 56

2.4 Possessivbegleiter: Nominativ, Akkusativ und Dativ

	Maskulinum Singular Nominativ	Akkusativ	**Neutrum Singular** Nom. + Akk.	**Femininum Singular** Nom. + Akk.	**Mask., Neutr. + Fem. Plural** Nom. + Akk.
ich	mein	meinen	mein	meine	meine
du	dein	deinen	dein	deine	deine
er / es / sie	sein / sein / ihr	seinen / seinen / ihren	sein / sein / ihr	seine / seine / ihre	seine / seine / ihre
wir	unser	unseren	unser	unsere	unsere
ihr	euer	euren	euer	eure	eure
sie / Sie	ihr / Ihr	ihren / Ihren	ihr / Ihr	ihre / Ihre	ihre / Ihre

> Sie ruft **ihren** Bruder an. > **Dein** Kleid ist schön. > Ich mag **unsere** Lehrerin. > Sind das **Ihre** Schuhe?

Dativ

	Mask./Neutr.	Femininum	Plural
ich	meinem	meiner	meinen
du	deinem	deiner	deinen
er/es	seinem	seiner	seinen
sie	ihrem	ihrer	ihren
wir	unserem	unserer	unseren
ihr	eurem	eurer	euren
sie / Sie	ihrem / Ihrem	ihrer / Ihrer	ihren / Ihren

> Sie geht mit **ihrem** Freund spazieren. > Er wohnt bei **seiner** Mutter.
> Das Haus gehört **unserer** Familie.

Mit Possessivbegleitern drückt man Besitz oder Zugehörigkeit aus.

C 26, C 57

2.5 Reflexivpronomen im Akkusativ und Dativ

Reflexivpronomen beziehen sich auf das Subjekt im Satz. (Ich freue **mich**; **mich** = Reflexivpronomen.) Die meisten Formen sind identisch mit den Formen der Personalpronomen im Akkusativ und Dativ. Anders ist nur die 3. Person Singular und Plural: **sich**.

		Reflexivpronomen im Akkusativ		**Reflexivpronomen im Dativ**
1. Person Singular	Ich ärgere	mich.	Ich gefalle	mir
2. Person Singular	Du ärgerst	dich.	Du gefällst	dir.
3. Person Singular	Er / Es / Sie ärgert	sich.	Er / Es / Sie gefällt	sich.
1. Person Plural	Wir ärgern	uns.	Wir gefallen	uns.
2. Person Plural	Ihr ärgert	euch.	Ihr gefallt	euch.
3. Person Plural	Sie ärgern	sich.	Sie gefallen	sich.

2.6 *welch*- und *dies*- im Nominativ, Akkusativ und Dativ

		best. Artikel	**welch-**	**dies-**
Nominativ	**Maskulinum**	der	welcher	dieser
	Neutrum	das	welches	dieses
	Femininum	die	welche	diese
	Plural	die	welche	diese
Akkusativ	**Maskulinum**	den	welchen	diesen
	Neutrum	das	welches	dieses
	Femininum	die	welche	diese
	Plural	die	welche	diese
Dativ	**Maskulinum**	dem	welchem	diesem
	Neutrum	dem	welchem	diesem
	Femininum	der	welcher	dieser
	Plural	den	welchen	diesen

> Welchen Schauspieler magst du am liebsten? > Dieses Buch ist wirklich spannend!
> Welchem Teilnehmer hast du das Lernerhandbuch gezeigt?

2.7 Die Pronomen *man* und *es*

C 48

Man Das Pronomen **man** braucht man, wenn man allgemeine Aussagen formuliert, oder Aussagen ohne konkrete Personen macht.

> Das macht man nicht! > Man darf hier nicht parken.

C 61

Es Das Pronomen **es** hat oft keine eigene Bedeutung. Man braucht es aber für die Struktur von Sätzen. Es ersetzt dann das fehlende Subjekt.

> Es regnet. > Es hat geblitzt. > Heute ist es bewölkt.

C 73

2.8 Zahlwörter

C 74

2.8.1 Die Zahlen **1–1000**

1 eins, 2 zwei, 3 drei, 4 vier, 5 fünf, 6 sechs, 7 sieben, 8 acht, 9 neun, 10 zehn, 11 elf, 12 zwölf, 13 dreizehn, 14 vierzehn, 15 fünfzehn, 16 sechzehn, 17 siebzehn, 18 achtzehn, …, 68 achtundsechzig, …, 101 (ein)hunderteins, …, 543 fünfhundertdreiundvierzig, …, 1000 (ein)tausend

C 76 **2.8.2** Die Ordinalzahlen

Heute ist der **erste**, zwei**te**, **dritte**, vier**te**, …, **siebte**, …, zehn**te**, zwanzig**ste** August.
Wir treffen uns am **ersten**, zwei**ten**, **dritten**, vier**ten**, …, elf**ten**, einunddreißig**sten** Mai.

C 75 **2.8.3** Datumsangaben

> Wir treffen uns am Samstag, also am 28. November.
> Frau Gonzales ist am 10.04.1999 (am zehnten April / zehnten Vierten neunzehnhundertneunundneunzig) nach Deutschland gekommen.
> Der Kurs geht vom 1. Februar bis zum 31. März. (vom ersten zweiten bis zum einunddreißigsten dritten)
> Ich lebe seit dem 11. Mai 2000 in Deutschland. (seit dem elften fünften zweitausend)

C 77

3 Präpositionen

C 80

3.1 Präpositionen mit Dativ.

Die Präpositionen **aus**, **bei**, **mit**, **nach**, **seit**, **von** und **zu** stehen immer mit dem Dativ.

> Ich fahre oft mit **dem** Fahrrad. > Am Sonntag fahre ich zu **meinen** Eltern.
> Entschuldigung, wie komme ich **zum** Bahnhof?

⚠ **bei dem → beim** **zu dem → zum** **zu der → zur** **von dem → vom**

C 81

3.2 Wechselpräpositionen

an auf hinter in neben	über unter vor zwischen	+ **Dativ** (wo?) oder + **Akkusativ** (wohin?)

⚠ **liegen** + **stehen** immer mit Dativ (wo?)
legen + **stellen** immer mit Akkusativ (wohin?)

> Ich habe die Zeitung auf **den** Tisch gelegt. Die Zeitung liegt jetzt auf **dem** Tisch.
> Ich habe das Radio auf **den** Tisch gestellt. Das Radio steht jetzt auf **dem** Tisch.

⚠ **in dem → im** **an dem → am**

C 83, Anhang 2

3.3 Verben mit Präpositionen (siehe auch 1.6)

Manche Verben kommen oft mit bestimmten Präpositionen vor. Die Präposition hat in diesem Fall keine eigene Bedeutung, aber sie verändert die Bedeutung des Verbs.

> Ich **träume** von meiner Prüfung. > Er **erinnert sich** oft **an** seinen ersten Arbeitstag.
> Susanne **freut sich auf** das Wochenende.

3.4 Fragen mit Präpositionen

Mit *wo* + Präposition fragt man nach Sachen, mit Präposition + Fragewort nach Personen. Beginnt die Präposition mit einem Vokal, kommt zwischen *wo* und Präposition ein *r* (z. B. **worauf, worüber, woran**).

> **Womit** telefonierst du? Mit dem Handy.
> **Mit wem** telefonierst du? Mit meinem Freund.
> **Worauf** wartest du? Auf den Bus.
> **Auf wen** wartest du? Auf Tom.

C 63

4 Adjektive

C 64

4.1 Prädikative Verwendung

> Der Schrank ist neu. > Die Blume ist schön. > Das Buch ist interessant. > Wir haben gut gearbeitet.

C 66, C 67

4.2 Adjektivdeklination: bestimmter Artikel

	Nominativ	Akkusativ	Dativ
Singular	der nette Mann das kluge Kind die hübsche Frau	den netten Mann das kluge Kind die hübsche Frau	dem netten Mann dem klugen Kind der hübschen Frau
Plural	die netten Männer/klugen Kinder/hübschen Frauen	die netten Männer/klugen Kinder/hübschen Frauen	den netten Männern/klugen Kindern/hübschen Frauen

> Wer ist der junge Mann da drüben? > Die rote Jacke steht dir gut.
> Hast du den grünen Schal gesehen? > Die neue Wohnung gefällt der alten Frau gut.

C 66, C 68

4.3 Adjektivdeklination: unbestimmter Artikel und kein

	Nominativ	Akkusativ	Dativ
Singular	(k)ein netter Mann (k)ein kluges Kind (k)eine hübsche Frau	(k)einen netten Mann (k)ein kluges Kind (k)eine hübsche Frau	(k)einem netten Mann (k)einem klugen Kind (k)einer hübschen Frau
Plural	nette Männer/kluge Kinder/hübsche Frauen keine netten Männer/klugen Kinder/hübschen Frauen	nette Männer/kluge Kinder/hübsche Frauen keine netten Männer/klugen Kinder/hübschen Frauen	netten Männern/klugen Kindern/hübschen Frauen keinen netten Männern/klugen Kindern/hübschen Frauen

> Sie ist eine gute Radfahrerin. > Hast du einen schwarzen Kugelschreiber?
> Netten Menschen helfe ich gern.

4.4 Graduierung mit *zu* und *nicht ... genug*

> Unsere Küche ist **zu klein**. Wir können nicht zu zweit kochen.
> Der Kühlschrank ist **nicht groß genug**. Wir müssen jeden Tag einkaufen gehen.

C 70, C 71

4.5 Adjektiv-Steigerung (Komparativ/Superlativ)

	Adjektiv	Komparativ	Superlativ
regelmäßig	schnell	schneller	am schnellsten
mit Umlaut	lang	länger	am längsten
unregelmäßig	viel	mehr	am meisten

Aus Gründen der Aussprache gibt es bei manchen Adjektiven folgende Besonderheiten: **teuer – teurer** (das **e** fällt im Komparativ weg), **kurz – am kürzesten** (ein **e** kommt beim Superlativ hinzu).

4.6 Komparation mit *wie* und *als*

> Ich bin genauso groß wie mein Bruder. > Meine Schwester ist nicht so groß wie ich.
> Meine Schwester ist größer als ich. > Mein Bruder ist auch kleiner als meine Schwester.

C 94

5 Sätze

5.1 Aussagesatz

Im Aussagesatz steht das Verb auf Position 2.

Ich	gehe.	
Ich	gehe	oft ins Kino.
Morgen	gehe	ich nicht ins Kino.
In der Küche	stehen	vier Stühle.
Vier Stühle	stehen	in der Küche.

5.2 Fragesätze

5.2.1 W-Fragen

Wann	beginnt	der Film?	Um acht.
Wo	wohnst	du?	In Zürich.

5.2.2 Fragen mit Präpositionen: *worüber, über wen …?*

Mit **wo** + Präposition fragt man nach Sachen, mit Präposition + Fragewort nach Personen.

> Über wen ärgerst du dich? Über meinen Chef. > Worüber ärgerst du dich? Über das Wetter.

C 98

5.2.3 Ja/Nein-Fragen

Bei Ja/Nein-Fragen steht das Verb auf Position 1.

Bist	du aus Wien?	Ja./Nein, aus Salzburg.
Arbeitest	du in Leipzig?	Ja./Nein, in Halle.
Möchten	Sie noch Kaffee?	Ja, gern./Nein, danke.
Möchten	Sie keinen Kaffee mehr?	Doch, bitte./Nein, danke.

C 99

5.3 Imperativsatz

Gehen Sie die Bahnhofstraße entlang! Sei bitte leise!

C 97

5.4 Satzklammer

Die Verteilung des Verbs auf zwei Positionen im Satz heißt Satzklammer.

C 25.1

5.4.1 Satzklammer bei trennbaren Verben

aus | fallen   statt | finden

	Fällt	der Unterricht heute	aus?
Der Unterricht	fällt	heute	aus.
Wann	findet	der Unterricht wieder	statt?

C 27.2 **5.4.2** Satzklammer bei Modalverben

Wir können uns morgen treffen.
Können wir uns morgen treffen?

C 19.5 **5.4.3** Satzklammer beim Perfekt

Position 1	Position 2		Ende	
Wir	haben	viel	gelernt.	(Aussagesatz)
Wann	bist	du	gekommen?	(W-Frage)
Hast	du	Holger	gesehen?	(Ja/Nein-Frage)

Wann bist du gestern Abend nach Hause gekommen?

C 104.1 **5.5** Verneinung (Negation)

5.5.1 Verneinung mit *nicht*

> Ich bin **nicht** schnell. > Ich habe **nicht** geschlafen.

5.5.2 Verneinung mit *kein*

> Ich habe **keinen** Hunger. > Er hat **kein** Geld. > Wir haben **keine** Uhr.

5.6 Sätze mit Zeitangaben

Morgen besuche ich Tante Olga.	oder	Ich besuche **morgen** Tante Olga.
Am Nachmittag spielt er Klavier.	oder	Er spielt **am Nachmittag** Klavier.
Um 17 Uhr ist die Arbeit zu Ende.	oder	Die Arbeit ist **um 17 Uhr** zu Ende.

C 84 **5.7** Konjunktionen

C 86 **5.7.1** Konjunktionen: *und, aber, denn* (Hauptsatz + Hauptsatz)

Die Konjunktionen **und**, **aber** und **denn** stehen zwischen zwei Hauptsätzen.
Die Wortstellung bleibt in beiden Sätzen gleich.

Egon kocht gern. Er kauft gern ein.
Egon kocht gern und er kauft gern ein.

> Ich gehe ins Theater und danach fahre ich nach Hause.
> Er hat ein Auto, aber es ist kaputt.
> Die Kinder sind ins Bett gegangen, denn sie waren müde.

Bei Sätzen mit **und** und **aber**: Ist das Subjekt in beiden Sätzen gleich, kann man es weglassen.

Egon kocht gern und ~~er~~ kauft gern ein.
Ich mache gern Sport, aber ~~ich~~ kann nicht Fußball spielen.

87, C 101.1, C 101.2 **5.7.2** Konjunktionen: *weil*, *dass*, *wenn* (Hauptsatz + Nebensatz)

Die Konjunktionen **weil**, **dass** und **wenn** verbinden einen Hauptsatz und einen Nebensatz.
Im Nebensatz steht das konjugierte Verb am Satzende.

Ich habe keine Zeit, weil ich lernen muss.
Ich glaube, dass man viele Sprachen lernen kann.
Ich kann Urlaub machen, wenn ich viel Geld habe.

C 102

5.8 Nebensätze vor dem Hauptsatz

Wenn Nebensätze vor dem Hauptsatz stehen, steht im Hauptsatz das konjugierte Verb auf Position 1.

Dass du Urlaub machst, finde ich gut.
Wenn ich viel Geld habe, kann ich Urlaub machen.
Weil ich Hunger hatte, bin ich ins Restaurant gegangen.

Liste der unregelmäßigen Verben

Die meisten der trennbaren Verben finden Sie unter der Grundform.
Beispiele: *abschreiben* → *schreiben, zurückkommen* → *kommen*.

Infinitiv	Präsens	Perfekt
abbiegen	er biegt ab	er ist abgebogen
abbrennen	es brennt ab	es ist abgebrannt
abhängen von	es hängt ab von	es hat abgehangen von
anbieten	er bietet an	er hat angeboten
anfangen	er fängt an	er hat angefangen
anrufen	er ruft an	er hat angerufen
anziehen	er zieht an	er hat angezogen
auffallen	es fällt auf	es ist aufgefallen
aufschlagen	er schlägt auf	er hat aufgeschlagen
aufstehen	er steht auf	er ist aufgestanden
ausfallen	Der Kurs fällt aus	Der Kurs ist ausgefallen
aufwachsen	er wächst auf	er ist aufgewachsen
ausleihen	er leiht aus	er hat ausgeliehen
aussehen	er sieht aus	er hat ausgesehen
backen	er bäckt, er backt	er hat gebacken
beginnen	er beginnt	er hat begonnen
behalten	er behält	er hat behalten
bekommen	er bekommt	er hat bekommen
beschreiben	er beschreibt	er hat beschrieben
bewerben (+ sich)	er bewirbt sich	er hat sich beworben
bitten	er bittet	er hat gebeten
blasen	er bläst	er hat geblasen
bleiben	er bleibt	er ist geblieben
brechen	er bricht	er hat gebrochen
bringen	er bringt	er hat gebracht
denken	er denkt	er hat gedacht
dürfen	er darf	er hat gedurft
einfallen	es fällt mir ein	es ist mir eingefallen
einladen	er lädt ein	er hat eingeladen

Infinitiv	Präsens	Perfekt
einschlafen	er schläft ein	er ist eingeschlafen
empfehlen	er empfiehlt	er hat empfohlen
enthalten	es enthält	es hat enthalten
entscheiden	er entscheidet	er hat entschieden
entsprechen	es entspricht	es hat entsprochen
erfinden	er erfindet	er hat erfunden
essen	er isst	er hat gegessen
fahren	er fährt	er ist gefahren
fallen	er fällt	er ist gefallen
fangen	er fängt	er hat gefangen
fernsehen	er sieht fern	er hat ferngesehen
finden	er findet	er hat gefunden
fliegen	er fliegt	er ist geflogen
geben	er gibt	er hat gegeben
gefallen	ihm gefällt	ihm hat gefallen
gehen	er geht	er ist gegangen
genießen	er genießt	er hat genossen
gewinnen	er gewinnt	er hat gewonnen
halten	er hält	er hat gehalten
hängen	es hängt	es hat gehangen
heißen	er heißt	er hat geheißen
helfen	er hilft	er hat geholfen
kennen	er kennt	er hat gekannt
klingen	es klingt	es hat geklungen
kommen	er kommt	er ist gekommen
können	er kann	er hat gekonnt
lassen	er lässt	er hat gelassen
laufen	er läuft	er ist gelaufen
lesen	er liest	er hat gelesen
liegen	er liegt	er hat gelegen
lügen	er lügt	er hat gelogen
messen	er misst	er hat gemessen
mögen	er mag/möchte	er hat gemocht
müssen	er muss	er hat gemusst
nachschlagen	er schlägt nach	er hat nachgeschlagen
nehmen	er nimmt	er hat genommen
nennen	er nennt	er hat genannt
pfeifen	er pfeift	er hat gepfiffen
raten	er rät	er hat geraten
reiten	er reitet	er ist geritten
riechen	er riecht	er hat gerochen
scheinen	die Sonne scheint	die Sonne hat geschienen
schießen	er schießt	er hat geschossen
schlafen	er schläft	er hat geschlafen
schließen	er schließt	er hat geschlossen
schneiden	er schneidet	er hat geschnitten
schreiben	er schreibt	er hat geschrieben
schwimmen	er schwimmt	er ist geschwommen
sehen	er sieht	er hat gesehen
sein	er ist	er ist gewesen
singen	er singt	er hat gesungen
sinken	die Preise sinken	die Preise sind gesunken

Infinitiv	Präsens	Perfekt
sitzen	er sitzt	er hat gesessen
sprechen	er spricht	er hat gesprochen
springen	er springt	er ist gesprungen
stattfinden	es findet statt	es hat stattgefunden
stehen	er steht	er hat gestanden
steigen	er steigt	er ist gestiegen
sterben	er stirbt	er ist gestorben
teilnehmen	er nimmt teil	er hat teilgenommen
tragen	er trägt	er hat getragen
treffen	er trifft	er hat getroffen
treiben	er treibt Sport	er hat Sport getrieben
trinken	er trinkt	er hat getrunken
tun	er tut	er hat getan
umsteigen	er steigt um	er ist umgestiegen
umziehen	er zieht um	er ist umgezogen
unterhalten (+sich)	er unterhält sich	er hat sich unterhalten
unterschreiben	er unterschreibt	er hat unterschrieben
unterstreichen	er unterstreicht	er hat unterstrichen
verbieten	er verbietet	er hat verboten
verbinden	er verbindet	er hat verbunden
vergessen	er vergisst	er hat vergessen
vergleichen	er vergleicht	er hat verglichen
verlassen	er verlässt	er hat verlassen
verlieren	er verliert	er hat verloren
vermeiden	er vermeidet	er hat vermieden
verschreiben	er verschreibt	er hat verschrieben
verstehen	er versteht	er hat verstanden
waschen	er wäscht	er hat gewaschen
werben	er wirbt	er hat geworben
werden	er wird	er ist geworden
werfen	er wirft	er hat geworfen
widersprechen	er widerspricht	er hat widersprochen
wiegen	er wiegt	er hat gewogen
wissen	er weiß	er hat gewusst
ziehen	er zieht	er hat gezogen

Liste der Verben mit Präpositionen

Verben mit Präposition und Akkusativ:

achten auf	Achten Sie auf die Satzstellung.
antworten auf	Ich habe auf Ihren Brief geantwortet.
sich ärgern über	Der Chef ärgert sich über den Mitarbeiter.
sich beschweren über	Diana beschwert sich über den Stress.
berichten über	Martin berichtet über seine Arbeit.
sich bewerben um	Norma bewirbt sich um die neue Stelle.
bitten um	Sie bittet ihren Freund um Tipps.
denken an	Ich denke an meinen Freund.
diskutieren über	Wir haben lange über dieses Thema diskutiert.
sich freuen auf	Saskia freut sich auf den Urlaub.
sich freuen über	Sie freut sich über das Geschenk.
hoffen auf	Wir hoffen auf viel Sonne.
sich informieren über	Eine Kundin informiert sich über die Preise.
sich interessieren für	Wir interessieren uns sehr für Literatur und Musik.
lachen über	Über diesen Film kann ich nicht lachen.
reden über	Warum reden alle Leute immer über das Wetter?
schreiben an	Ich schreibe an meine Freundin.
sprechen über	Wir haben oft über unseren Urlaub gesprochen.
sich vorbereiten auf	Hast du dich auf den Test vorbereitet?
warten auf	Ich warte schon seit zwei Stunden auf den Zug.

Verben mit Präposition und Dativ:

anfangen mit	Wir fangen mit der Arbeit an.
beginnen mit	Wir beginnen mit dem Hörtext.
berichten von	Martin berichtet von seinem Urlaub.
sich beschweren bei	Beschwert euch doch beim Chef und nicht bei mir!
einladen zu	Ich möchte dich zu meinem Geburtstag einladen.
erzählen von	Erzählst du mir von deiner Familie?
fragen nach	Wo ist der Bahnhof? Wir müssen nach dem Weg fragen.
gratulieren zu	Ich gratuliere dir zu deinem Geburtstag.
passen zu	Das Hemd passt gut zu deiner Hose.
reden von	Alle reden vom Wetter.
telefonieren mit	Oscar hat lange mit seiner Freundin telefoniert.
träumen von	Ich habe von einer schönen Reise geträumt.
vergleichen mit	Vergleichen Sie das Bild mit dem Text.

Buchstaben und Laute im Deutschen

Buchstaben	Laute	Beispiele
a | aa | ah a	[aː] [a]	Abend | Staat | fahren wann, Bank
ä | äh ä	[ɛː] [ɛ]	spät, Käse | zählen Städte
ai	[ai̯]	Mai
au	[au̯]	kaufen, Haus
äu	[ɔy]	Häuser
b | bb -b	[b] [p]	**b**leiben, Urlau**b**er | Ho**bb**y Urlau**b**
ch chs	[ç] [x] [ks]	i**ch**, mö**ch**te, Bü**ch**er au**ch**, Bu**ch**, ko**ch**en se**chs**, we**chs**eln
d -d | -dt	[d] [t]	**d**anke, En**d**e, Län**d**er Lan**d** | Sta**dt**
e | ee | eh e -e	[eː] [ɛ] [ə]	leben | Tee | sehr gern, wenn bi**tte**, hö**re**n
ei	[ai̯]	klein, frei
eu	[ɔy]	neu, heute
f | ff	[f]	**f**ahren, kau**f**en | tre**ff**en
g | gg -g -ig	[g] [k] [ɪç]	**G**eld, Ta**g**e | jo**gg**en Ta**g** fert**ig**, wicht**ig**
h -h	[h] –	**h**eute, **H**aus Ru**h**e ['ruːə], se**h**en ['zeːən]
i | ie | ieh i	[iː] [ɪ]	Kino | **lie**ben | sie s**ieh**t Kind
j	[j]	**j**a
k | ck	[k]	**K**affee | di**ck**
l | ll	[l]	**l**esen | beste**ll**en
m | mm	[m]	**M**usik, Na**m**e | ko**mm**en
n | nn **ng** **nk**	[n] [ŋ] [ŋk]	**n**eu, ma**n** | kö**nn**en Wohnu**ng**, si**ng**en Ba**nk**
o | oo | oh o	[oː] [ɔ]	schon | Z**oo** | S**oh**n Sonne

Buchstaben	Laute	Beispiele
ö | öh	[ø]	sch**ö**n | fr**ö**hlich
ö	[œ]	m**ö**chte
p | pp	[p]	**P**ause, Su**pp**e, Ti**pp**
ph	[f]	Al**ph**abet
qu	[kv]	**Qu**alität
r | rr | rh	[r]	**r**ichtig | ko**rr**ekt | **Rh**ythmus
-er	[ɐ]	Butt**er**
s	[z]	**s**ehr, **S**onne, rei**s**en
s | ss | ß	[s]	Rei**s** | e**ss**en | wei**ß**
sch	[ʃ]	**Sch**ule, zwi**sch**en
sp-	[ʃp]	**Sp**ort, mit·**sp**ielen
st-	[ʃt]	**St**adt, ver·**st**ehen
t | tt | th	[t]	**T**isch | Kasse**tt**e | **Th**eater
-tion	[tsi̯oːn]	Informa**tion**, funk**tion**ieren
u | uh	[uː]	g**u**t | **U**hr
u	[ʊ]	B**u**s
ü | üh	[yː]	S**ü**den | ber**ü**hmt
ü	[y]	Gl**ü**ck
v	[f]	**v**iel, **v**ergessen, **v**erliebt
v	[v]	Akti**v**ität
-v	[f]	akti**v**
w	[v]	**w**ichtig
x	[ks]	bo**x**en
y	[yː]	t**y**pisch
y	[y]	Rh**y**thmus
-y	[i]	Hobb**y**
z | tz	[ts]	**Z**eitung, tan**z**en | Pla**tz**

Hörtexte Hier finden Sie alle Hörtexte, die nicht oder nicht komplett im Buch abgedruckt sind.

Einheit 1: *Man lernt nie aus …*

2 Warum? Weil …

2.2 **1.** …, weil ich krank bin und im Bett bleiben muss.
2. …, weil ich heute schon verabredet bin.
3. …., weil ich die Berge liebe und das Essen sehr gerne mag.
4. …, weil ich in den Urlaub fahre.

3 Mit allen Sinnen lernen

3.1 Winter, Hemd; Lehrer, Ball, Buch, Handschuhe, Radio, Kuli, Wasser, Abendlicht, Katze, Orange, Rose, Sonne, Jeans, Brot, Messer, Mozart, Kaffee, Jazz

Einheit 2: *Höher, schneller, weiter*

Auftaktseite

2 **1.** – Wir schalten um nach Karlsruhe zu den Deutschen Leichtathletikmeisterschaften.
\+ Ja, meine Damen und Herren, wir sind jetzt live beim Hochsprung der Damen. Heike Henkel versucht die 2,07 m. Sie läuft an, springt … und … ja!!! … sie schafft es!! .. das ist Weltrekord! … 2,07 m! …

2. Reporter: Servus Schorsch, wieder ein Sieg, Gratulation!
Hackl: Grüß Gott, ja, es ist gut gelaufen …
Reporter: Du, Schorsch, wie schnell ist eigentlich die Bahn hier in Winterberg?
Hackl: Jomei, bis zu 150 …
Reporter: 150 km/h Spitzengeschwindigkeit?
Hackl: Ja freilich …
Reporter: Donnerwetter! …

3. TV-Stimme: Jürgen Schult wirft. Und der Diskus fliegt weit hinaus … und … ja … 74,08 m! Das ist eine Sensation! 74,08 m, Weltrekord! … Mann im Wohnzimmer: Du, Herta, bringst du mir noch ein Bier?

4. Stadionsprecher: … und Franziska van Almsick schlägt als erste an. Sieg für Franziska van Almsick … in …ja … neuer Weltrekordzeit … in … 1,56 …

5. Radiosprecher: … liebe Hörerinnen und Hörer, liebe Formel 1 Freunde, wir begrüßen Sie noch einmal vom Nürburgring. Wieder eine schnelle Runde von Michael Schumacher, auf der Start- und-Ziel-Geraden hat man ihn mit 320 km/h gemessen und eine Rundenzeit von …
Autofahrer: Toll, und wir stehen schon eine Stunde im Stau.

6. Nachrichtensprecher: … noch eine Meldung vom Sport. Beim Leichtathletik-Weltcup-Finale im australischen Canberra siegte die Rostockerin Marita Koch in Weltrekordzeit von 47,6 Sek. Und nun das Wetter …

3 Vergleichen

3.6 **Nein-Sager:**
Mir geht es schlecht.
Ich bin alt.
Ich bin hässlich.
Ich finde alles langweilig.
Ich verdiene wenig.
Mein Auto ist alt.
Mein Haus ist klein.
Mein Hund ist krank. …

3.7 **Kollege vom Nein-Sager:**
... Aber mir geht es noch viel schlechter.
Ich bin noch älter.
Ich bin hässlicher.
Ich finde alles noch langweiliger.
Ich verdiene weniger.
Mein Auto ist älter.
Mein Haus ist kleiner.
Und mein Hund ist tot.

Einheit 3: *Auf Reisen*

4 Mit der Bahn fahren

4.1 **1.** die Fahrkarte, **2.** der Schalter, **3.** der Fahrplan, **4.** das Gleis/der Bahnsteig, **5.** das Gepäck, **6.** der ICE-Zuschlag, **7.** 1. Klasse/2. Klasse, **8.** der Fahrkartenautomat

4.4
– Guten Tag.
\+ Guten Tag. Was kann ich für Sie tun?
– Ich möchte bitte eine Fahrkarte von Stuttgart nach Frankfurt am Main, Hauptbahnhof.
\+ Nach Frankfurt. Ja. Brauchen Sie nur eine einfache Fahrt oder Hin- und Rückfahrt?
– Eine einfache Fahrt.
\+ Wann möchten Sie fahren?
– Morgen Nachmittag, die Uhrzeit ist egal.
\+ Möchten Sie mit dem InterCityExpress fahren?
– Ja.
\+ Erste Klasse oder zweite Klasse?
– Zweite Klasse, bitte.
\+ Jawohl. Haben Sie eine BahnCard?
– Nein, leider nicht.
\+ Dann sind das 47 Euro.
– Wie bitte?
\+ Die Fahrkarte kostet 47 Euro.
– 47. Ja. Hier sind 50 Euro. Muss ich umsteigen?
\+ Ja. Einmal in Mannheim. Ich drucke Ihnen die Verbindung aus.
– Danke.
\+ 3 Euro zurück und ihre Fahrkarte.
– Auf Wiedersehen.
\+ Auf Wiedersehen.

4.5 **Durchsage 1:**
Meine Damen und Herren an Gleis 4, willkommen in Kassel, Bahnhof Wilhelmshöhe. Ihre nächsten Reisemöglichkeiten: Regionalexpress nach Warburg über Kassel Hauptbahnhof, Espenau-Mönchehof, Immenhausen, Grebenstein und Hofgeismar, planmäßige Abfahrt 13 Uhr 48 von Gleis 5.
ICE 578 „Tilman Riemenschneider" nach Hannover über Göttingen, planmäßige Abfahrt 14 Uhr 22 von Gleis 1, ICE 789 „Balthasar Neumann" nach München über Fulda, Würzburg, Nürnberg und Augsburg, planmäßige Abfahrt 14:24 von Gleis 2, und InterCity 2550 nach Düsseldorf über Warburg, Altenbeken, Hamm (Westfalen), Dortmund und Duisburg, planmäßige Abfahrt 15 Uhr von Gleis 7.

Durchsage 2:
Sehr geehrte Reisende. Dies ist ein Nichtraucherbahnhof. Bitte rauchen Sie nur in den gekennzeichneten Raucherzonen.
Vielen Dank.

Durchsage 3:
Meine Damen und Herren an Gleis 2. Der ICE 789 „Balthasar Neumann" nach München, über Fulda, Würzburg, Nürnberg und Augsburg, planmäßige Abfahrt 14:24 von Gleis 2 wird wegen Gleisbauarbeiten voraussichtlich fünf bis zehn Minuten später ankommen. Ich wiederhole: Der ICE 789 „Balthasar Neumann" nach München, planmäßige Abfahrt 14:24 von Gleis 2 hat voraussichtlich fünf bis zehn Minuten Verspätung.

Durchsage 4:
Achtung, eine Durchsage für alle Reisenden an Gleis 4, eine Gleisänderung. Der ICE 578 nach Hannover über Göttingen, planmäßige Abfahrt 14:22 von Gleis 4 fährt heute wegen Gleisbauarbeiten außerplanmäßig von Gleis 9. Ich wiederhole: Der ICE 578 nach Hannover fährt heute außerplanmäßig von Gleis 9.

Durchsage 5:
An Gleis 3 bitte nicht einsteigen. Der eingefahrene Zug endet hier. An Gleis 3 bitte nicht einsteigen.

Durchsage 6:
Achtung an Gleis 2. Der verspätete ICE 789 „Balthasar Neumann" nach München, über Fulda, Würzburg, Nürnberg und Augsburg, planmäßige Abfahrt war 14:24, fährt jetzt ein. Bitte Vorsicht bei der Einfahrt des Zuges.

4.8
+ Guten Tag.
– Guten Tag.
+ Wann fährt der nächste Zug nach Dresden?
– Der nächste Zug nach Dresden fährt um 14:56 Uhr.
+ Wann komme ich in Dresden an?
– Sie kommen um 16:21 Uhr in Dresden an.
+ Muss ich umsteigen?
– Ja. Sie müssen in Hannover umsteigen.
+ Was kostet die Fahrkarte?
– In der zweiten Klasse 26,25 Euro mit BahnCard.
+ Brauche ich einen Zuschlag?
– Nein, für diesen Zug nicht. Nur für den InterCityExpress.
+ Wo fährt der Zug ab?
– Der Zug fährt von Gleis 8 ab.

Einheit 4: *Menschen wie du und ich*

2 jemanden/etwas mit Adjektiven beschreiben

2.5
+ Heute ist ein Brief von Barbara gekommen.
– Die ist doch in London, oder?
+ Genau, lernt mit 55 noch Englisch.
– Ja, Barbara ist schon komisch.
+ Also, hör zu, ich lese vor:
Liebe Elisabeth,
ich bin jetzt seit einer Woche in London. Ich wohne in einer Gastfamilie. Das ist sehr schwierig, weil mein Englisch noch nicht so gut ist. Aber es ist ein gutes Training. Die Familie heißt Rogers. Die Chefin im Haus ist die Oma, Hazel. Sie ist eine alte Frau (bestimmt schon 90!), sie hat einen guten Charakter und ein fantastisches Temperament. Sie ist eine sehr lustige Frau. Sie hat einen sehr ruhigen Sohn. Er heißt Henry und ich finde ihn toll. Von so einem netten Mann habe ich immer geträumt. Aber Henry ist verheiratet. Seine Frau heißt Rita. Sie ist ca. 50 Jahre alt, und sie ist immer noch eine sehr schöne Frau. Sie hat mir erzählt, dass Henry ihr oft rote Rosen schenkt. Mit so einem romantischen Mann muss das Leben schön sein. Henry und Rita haben schon erwachsene Kinder. Die Tochter Beth wohnt in einer kleinen Stadt in der Nähe von London, der Sohn Jeremy studiert in Liverpool. In London kann man keine billige Wohnung kaufen, hier ist alles sehr teuer.
Das nächste Mal berichte ich dir vom Sprachkurs. Aber da gibt es keine interessanten Männer. Schade!
Liebe Grüße
Barbara
…
Ist doch typisch Barbara, oder?
– Ja, ja, immer nur …

2.8
1. Ich wünsche mir eine starke Frau. Sie soll eine klare Meinung haben. Ich möchte gerne mit ihr diskutieren. Aber sie muss auch freundlich und tolerant sein. Eine junge Frau, also jünger als 30, kommt für mich nicht in Frage.
2. Ich suche einen richtigen Mann. Er darf nicht so weich sein. Er muss gut reden können und er muss ein sportlicher Typ sein. Dicke Männer mag ich nicht. Und mein neuer Partner muss gut aussehen. Das ist wichtiger als das Alter.

Option 1

8 Phonetik: Rhythmus, Melodie und Aussprache

8.3 b bald, Welt, wenn, Flüge, Tier, Bar, früh, Größe, Uhr, groß, lügen, lösen, können, mir, leben, ihn, im, wen, Osten, Stadt, Suppe

8.3 c Bild – bald | Welt – Wald | wenn – wann | Fliege – Flüge | Tier – Tür | Bar – Bär | froh – früh | Größe – Grüße | Ohr – Uhr | groß – Gruß | üben – oben | lesen – lösen | kennen – können | mehr – mir | leben – lieben | ihn – in | ihm – im | wen – wenn | Ostern – Osten | Staat – Stadt | super – Suppe

Einheit 5: *In der Schweiz*

1 Im Hotel in Zürich

1.3 **Telefonat 1**

– Hotel Sternen Oerlikon, Urs Tobler hier, was kann ich für Sie tun?
+ Guten Tag, Norbert Bernhard hier. Haben Sie vom 12.05. bis 14.05. noch ein Doppelzimmer frei?
– Einen kleinen Moment. 12. bis 14. Mai – ja, da können Sie ein Zimmer bei uns bekommen. Möchten Sie reservieren?
+ Ja, mh, vielleicht. Was kostet denn das Zimmer?
– 320 Schweizer Franken für zwei Übernachtungen.
+ Wie weit ist denn Ihr Hotel vom Hauptbahnhof entfernt?
– Etwa 3,8 Kilometer. Aber die Verkehrsverbindungen ins Zentrum sind sehr gut.
+ Naja, vielen Dank. Auf Wiederhören.
– Ja, gern. Auf Wiederhören.

Telefonat 2

– Rex Swiss Quality Hotel, Regula Oertli. Guten Tag.
+ Guten Tag, Bernhard hier. Was kostet ein Doppelzimmer bei Ihnen für zwei Nächte?
– Am Wochenende?
+ Ja.
– Am Wochenende kostet das Doppelzimmer für zwei Übernachtungen 450 Franken.
+ Ist vom 12.05. bis 14.05. noch ein Doppelzimmer frei?
– Moment. Nein, das tut mir sehr leid. An dem Wochenende sind wir komplett ausgebucht. Aber am Wochenende darauf könnten Sie ein Doppelzimmer bekommen.
+ Hm. Wie weit ist es von Ihrem Hotel zum Hauptbahnhof?
– Das sind vielleicht 700 Meter. Das ist nicht weit. Das können Sie auch in fünf Minuten zu Fuß gehen.
+ Vielen Dank. Auf Wiederhören.
– Gern geschehen. Widärluägä.

Telefonat 3

– Zic-Zac Rock Hotel Zürich, Marcel Pfeiffer. Hallo.
+ Hallo. Norbert Bernhard hier. Guten Tag, Herr Pfeiffer. Ich brauche vom 12. bis 14.05.2006 ein Doppelzimmer. Haben Sie da was frei?
– 12. bis 14. – ja, das geht.
+ Und was kostet bei Ihnen das Doppelzimmer?
– 125 Franken für eine Nacht, ohne Frühstück.
+ Und wie weit ist Ihr Hotel vom Hauptbahnhof entfernt?
– Nicht weit. Das sind etwa 750 Meter. Zu Fuß vielleicht sieben Minuten vom Hauptbahnhof.
+ Gut, vielen Dank. Auf Wiederhören.
– Gern. Auf Wiederhören.

1.5
– Grüezi
+ Guten Tag. Ich habe ein Zimmer reserviert.
– Ja. Auf welchen Namen?
+ Bernhard. Norbert Bernhard.
– Ja: Ich habe hier als Reservierung ein Doppelzimmer, 2 Übernachtungen. Ein Nichtraucherzimmer. Wenn Sie bitte das Anmeldeformular ausfüllen würden.
+ Ja, selbstverständlich.
– Sie haben Zimmer 215. Das ist im zweiten Stock. Der Fahrstuhl ist gleich hier rechts. Hier ist Ihr Zimmerschlüssel. Frühstück gibt es von 7.00 Uhr bis 10.30 Uhr. Das Frühstücksbuffet finden Sie im 1. Stock gleich links. Sauna und Swimmingpool sind im Untergeschoss. Einen angenehmen Aufenthalt!
+ Vielen Dank.

2 Wiederholung: Wohin? Wo?

2.4
+ Petra Bernhard.
– Hallo Petra. Sonja hier.
+ Hallo Sonja, wie geht's?
– Danke, gut. Und selbst? Wie war euer Urlaub in Zürich?
+ Prima. Willst du hören?
– Na. klar. Erzähl mal.
+ Also am Freitag sind wir mit dem Zug nach Zürich gefahren. Norbert hat ein schönes Hotel ausgesucht. Nicht so weit weg vom Bahnhof. Und am Freitagabend war ich gleich im Hotel in der Sauna. Das hat mir gut gefallen. Am Samstagmorgen war Norbert vor dem Frühstück im Swimmingpool und ist eine halbe Stunde geschwommen. Das hat ihm gut getan! Am Vormittag waren wir dann im Uhrenmuseum – das war wirklich interessant – und danach, am Mittag, im Restaurant „Alt Zürich". Das kann ich nur empfehlen: Sehr leckeres Essen. Nachmittags sind wir im botanischen Garten gewesen. Und abends waren wir dann noch in der Oper. Und da ist Norbert dann eingeschlafen.
– Nein, wirklich?
+ Ja. Ich musste ihn zweimal anstoßen, aber es war nichts zu machen. In der Pause sind wir dann wieder zum Hotel zurück. Aber am Sonntag hat er mir dann …

Einheit 6: *Guten Appetit!*

Auftaktseite

2
Vater: Das war ein schöner Theaterabend. Es hat mir sehr gut gefallen. Euch auch?
Mutter: Ja, sehr. Die Lady Macbeth hat besonders gut gespielt. Und wie sie sich immer wieder die Hände gewaschen hat … großartig!
Tochter: Zweieinhalb Stunden sitzen! Mir ist langweilig und ich habe Hunger.
Vater: Gut. Wollen wir noch etwas essen gehen?
Mutter: Ja, das ist eine gute Idee. Wollen wir ins mexikanische Restaurant?
Tochter: Nö, das schmeckt mir nicht. Ich will zum Italiener.
Vater: Aber da waren wir doch erst letzte Woche. Was haltet ihr von einem chinesischen Restaurant?
Mutter: Da sind mir die Portionen zu groß. Ich habe nicht viel Hunger.
Tochter: Und außerdem waren wir da zu Omas Geburtstag.
Vater: Hm, hier in der Nähe gibt es auch ein neues Restaurant, da gibt es ägyptisches Essen.
Da können wir hingehen.
Tochter: Ägyptisch? Was gibt es denn da zu essen? Etwa Krokodil?
Mutter: Das ist doch Quatsch! Ich finde die Idee gut. Wir gehen zum Ägypter essen.
Vater: Gut.
Tochter: Oh, Mann!

1 Die Speisekarte

1.3
A Hallo!
B Ja bitte? Sie wünschen?
A Wir möchten gern bestellen.
B Gern. Was möchten Sie trinken?
A Ich trinke ein Pils.
C Und ich eine Cola.
B Jawohl. Und was möchten Sie essen?
A Ich hätte gern das Lachssteak. Ohne Kräuterbutter, bitte.
B Ja, gern. Und Sie?
C Ich nehme den überbackenen Camembert.
B Einmal das Lachssteak und einmal den Camembert. Habe Sie noch einen Wunsch?
A Nein, danke.
B Vielen Dank.

3 Wie schmeckt's?

3.1 **Tischgruppe a**
Vater: Und, wie schmeckt euch das Essen?
Tochter: Die Pommes sind lecker.
Sohn: Ich mag meinen Salat nicht.
Mutter: Ach, Thomas, du kannst nicht nur Fischstäbchen essen. Iss auch ein bisschen Salat.
Sohn: Menno!
Vater: Wie ist deine Suppe, Marion?
Mutter: Es geht. Sie schmeckt gut, aber sie ist sehr salzig. Und dein Camembert?
Vater: Der ist gut. Möchtest du noch einen Saft?
Mutter: Ja, gern.
Tochter: Und ich noch eine Cola.

Tischgruppe b
Kellner: So, Ihr Essen. Einmal das Wiener Schnitzel für den Herrn.
Mann 1: Ich hatte den Schweinebraten bestellt, kein Schnitzel.
Kellner: Oh, äh, hatten Sie das Wiener Schnitzel bestellt?
Mann 2: Nein, ich hatte das Steak.
Kellner: Hier, schon mal das Steak.
Frau: Und ich hatte den Lachs.
Kellner: Bitte sehr. Einmal der Lachs. Der Schweinebraten kommt gleich.
Frau: Entschuldigung, auf meinem Lachs fehlt die Kräuterbutter.
Kellner: Oh, Entschuldigung, ich bringe sie gleich.
Mann 2: Hören Sie, mein Steak ist nicht durch.
Kellner: Äh, das tut mir leid. Ich sage sofort in der Küche Bescheid. Sie bekommen selbstverständlich ein neues Steak – entschuldigen Sie.

Tischgruppe c
Sie: Wie ist dein Essen?
Er: Der Braten ist ausgezeichnet. Das Fleisch ist sehr zart. Und dein Essen?
Sie: Die Gemüsepfanne ist auch sehr lecker. Wollen wir anstoßen?
Er: Ja, Prost! Auf uns!
Sie: Auf uns! Es ist schön mit dir.
Sie: Mmh, der Wein ist sehr gut.

3.6
Ich habe nicht lange auf mein Essen gewartet.
Ich brauche kein Besteck.
Bei meinen Pommes fehlt kein Salz.
Ich warte nicht auf mein Bier.
Mein Essen ist nicht kalt und das Restaurant ist nicht teuer.

3.7
1. Möchten Sie Ihr Schnitzel mit Kartoffeln oder mit Pommes frites?
2. Möchten Sie einen Tomatensalat oder einen grünen Salat?
3. Möchten Sie ein kleines oder ein großes Bier?
4. Möchten Sie einen kleinen oder einen großen Salatteller?
5. Möchten Sie Ketschup oder Majonäse zu den Pommes?
6. Möchten Sie das Steak durch, medium oder englisch?
7. Möchten Sie Ihr Eis mit oder ohne Sahne?

4 Gesund essen früher und heute

4.5 **Moderator A:** Herzlich willkommen wieder, Herbert Prohaska, bei unserem Fußball-ABC. Buchstabe A haben wir ja schon abgehandelt letzte Woche. Jetzt ist Buchstabe B dran, wenig verwunderlich, und wir wollen heute über den Begriff

Moderator B: Brotzeit reden.

Moderator A: Stichwort richtige Ernährung. Zu deiner Zeit in den siebziger Jahren

Moderator B: Pommes, Ketschup, Majonäse, oder ? Wahrscheinlich noch.

Moderator A: Hört sich gut an, ja.

Prohaska: Also, die damalige Ernährung war ausschließlich Leberkässemmeln, Polenwurst, Wurstsemmeln und so weiter. Das ...

Moderator A: Im Ernst jetzt? Oder was?

Prohaska: Im Ernst.

Moderator A: Wirklich?

Prohaska: Ja, damals – vor allem für die, die noch nicht soviel verdient haben und die noch nicht verheiratet waren. Vor allem die verheiratet waren, haben manchmal bessere Sachen bekommen. Das Lustige war, dass wir aber wirklich einmal einen Trainer hatten, der auf die Ernährung sehr viel Wert gelegt hat. Aber er konnte das natürlich nicht kontrollieren. Und das Lustige war immer, er hat uns des öfteren vorm Training jeden einzelnen in der Kabine gefragt, was er gegessen hat. Und da war es immer sehr köstlich, weil die Spieler dann aufgezählt haben: Naturschnitzel mit Reis und ein kleines Steak mit einem grünen Salat und so weiter. Und jeder von uns in der Kabine wusste natürlich, der hat wahrscheinlich wieder zwei Käsekrainer gegessen oder zwei Leberkässemmeln. Das war, also die Ernährung war damals alles andere als wirklich gesund. Vor allem sehr sehr beliebt bei mir vor allem waren Schmalzbrote. Wo mir auch ein Trainer gesagt hat: Also, das ist das schrecklichste, was es gibt und das schädlichste für den Körper. Da hab ich aber auch schon zehn Jahre Fußball gespielt.

Moderator A: Du hast aber nie Gewichtsprobleme gehabt in deiner aktiven Zeit, oder? Du warst ja eher eine schlanke Gazelle.

Prohaska: Stimmt, also ich bin ..., ich habe immer so gehabt so an die 72 Kilo, also immer in bester Fassung. Damals konnte ich noch essen, was ich wollte, heute nimmermehr.

Moderator B: Also vielleicht ein Tipp für Nachwuchsfußballer: Schmalzbrot, oder? Würdest du empfehlen, auch heute. Du hast immerhin eine Weltkarriere so gemacht.

Prohaska: Ich hoffe, dass kein Nachwuchsfußballer zuschaut.

Moderator A: Eine Weltkarriere auf Schmalz gebaut, Herbert Prohaska. Vielen Dank. Das war Buchstabe B. Wir hören uns nächste Woche wieder.

Einheit 7: *Mein Arbeitsplatz*

1. Ich habe meinen Friseursalon jetzt seit 2 Jahren. Vorher war ich angestellt. Natürlich ist es anstrengend, selbstständig zu arbeiten. Ich finde das aber gut. Ich bin jetzt mein eigener Chef. Auch finde ich es nicht schlimm, am Samstag zu arbeiten.

2. Ich arbeite gern draußen. Früher habe ich den ganzen Tag in einem Postamt gearbeitet. Das hat mir nicht mehr gefallen. Der Stress, den ganzen Tag stehen... Jetzt arbeite ich halbtags. Sicher, ich muss sehr früh aufstehen, jeden Tag viele Kilometer laufen, aber ich bin dann auch früh mit der Arbeit fertig. Und ich habe viel Kontakt zu Menschen.

3. Früher habe ich in einem großen Verlag gearbeitet. Irgendwann hat mir das nicht mehr gefallen, den ganzen Tag im Büro. Und heute bin ich immer unterwegs, ich mache Interviews, schreibe Artikel und lerne jeden Tag neue interessante Sachen. Und ich habe auch Glück: Ich bin bei einer großen Zeitung fest angestellt. Viele Kolleginnen von mir müssen nämlich selbstständig arbeiten, manchmal verdienen sie viel, dann wieder ganz wenig.

4. Es macht mir Spaß, immer wieder etwas Neues zu entwickeln. Und das kann ich in meinem Beruf. Ich bin bei einer großen Softwarefirma angestellt und schreibe neue Computerprogramme. Ich freue mich, wenn ich Probleme gelöst habe. Meine Arbeit ist anstrengend, ich muss mich oft stundenlang konzentrieren. Aber ich habe auch ein gutes Gehalt. Und was ich wichtig finde: Oft kann ich meine

Zeit frei einteilen. Das heißt, ich kann frei entscheiden, wann ich arbeite, vormittags, nachmittags, abends oder auch nachts.

5. Ich bin immer schon gern Auto gefahren. Ich arbeite gern allein, als Taxifahrer hat man aber immer auch Kontakt zu Menschen. Anstrengend finde ich die Schichtarbeit, manchmal habe ich Frühschicht, manchmal arbeite ich tagsüber, dann wieder Spätschicht.

6. Ich bin sehr froh, dass ich endlich eine Stelle gefunden habe. Und die Arbeit macht mir Spaß. Ich habe noch eine Kollegin, wir arbeiten gut zusammen, wir sind ein richtiges Team. Auch mein Chef ist nett. Weiter finde ich es wichtig, dass ich feste Arbeitszeiten habe, keine Überstunden, keine Wochenendarbeit.

1 Zehn Uhr morgens in Deutschland

1.2

1. + Fotomatia, Kundendienst, Mein Name ist Petra Stohl. Was kann ich für Sie tun?
– Ja, hier Paulsen. Ich interessiere mich für Ihre neuen digitalen Kameras. Können Sie mir eine Preisliste zuschicken?

2. + Guten Tag, mein Name ist Krause. Ich bin leider etwas zu spät. Ich hatte einen Termin bei Direktor Meier. Ich möchte mich um die Stelle im Kundendienst bewerben.
– Ach, Frau Krause, guten Tag. Ja, der Chef wartet schon. Ich sage ihm gleich Bescheid.

3. So ein Mist. Heute klappt auch gar nichts. Und dann die Neue, wie heißt sie noch mal, die Krause, die will hier anfangen und ist am ersten Tag schon zu spät. Unmöglich.

4. + Hey, Yvonne, war wohl mal wieder eine kurze Nacht?
– Ach nein, ich habe genug geschlafen. Aber ich muss heute Statistiken tippen. Das ist wirklich nicht so interessant!

5. + Hallo Karsten.
– Hallo Gert, was gibt's?
+ Du ich weiß nicht, ob ich heute Abend pünktlich bin. Wir haben doch gesagt, 8 Uhr 30 im Kino. Aber ich habe unglaublich viel Stress. Mein Schreibtisch ist voll, ich weiß nicht, wie ich das noch schaffen kann. Und bestimmt muss ich auch noch Überstunden machen. Ich ruf dich später noch mal an …

6. + Wann startet das neue Projekt?
– Schon am Montag.
+ Das ist ja super!

Einheit 8: *Wie steht mir das?*

4 Modalverben: *wollen* und *sollen*

4.1 Meine Mutter will, dass ich eine Mütze aufsetze. Mein Vater will, dass ich Handschuhe anziehe. Sie sagen, ich soll mich warm anziehen. Ich soll …, ich soll …, ich soll …! Ich will aber nicht!

7 Unregelmäßige Verben im Perfekt

7.2 gearbeitet | angefangen | begonnen | diskutiert | gebraucht | eingeladen | gegangen | geheiratet | eingekauft | gesungen | gesagt | ergänzt | ferngesehen | gehört | geschrieben

8 Die Geschichte der Jeans

8.5 (Fortsetzung des Interviews)

Johannsen: Wann sind die Arbeiterhosen in Mode gekommen?

Kühl: Die Jeans sind lange Zeit die Hosen der Arbeiter geblieben. Das hat sich in Europa erst nach dem Zweiten Weltkrieg, ab 1945 geändert. Die Jeans waren dann die Modehose für junge Leute. In dem Film „Denn sie wissen nicht, was sie tun" hat James Dean einen Teenager gespielt – natürlich in Jeans. Viele haben Jeans getragen, weil sie sich von der Welt der Erwachsenen distanzieren wollten. Sie wollten nicht mehr lieb, nett, brav und schick sein, wie die „Alten". In den 60er und 70er Jahren waren die Jeans dann Symbol für eine ganze Generation von Jugendlichen.

Johannsen: Was hat sich seit den 70er Jahren verändert?

Kühl: Wir Mode-Designer haben die Jeans entdeckt: Jeans als „Hot-Pants", Overalls, Jeans-Hemden, Jeans-Röcke, Jeans-Bikinis, Jeans-Schuhe. Jeanskleidung ist seit mehreren Jahrzehnten der wichtigste Bestandteil von vielen Modekollektionen. Der Jeans-Look war plötzlich „in" und hatte eine neue Bedeutung: jung sein, frei sein, stark sein. Die Jeans sind heute eine Hose für alle: Arbeiter und Manager, Männer und Frauen, Jung und Alt. Laut Statistik kauft zum Beispiel jeder Deutsche durchschnittlich ein Paar Jeans pro Jahr. Und es gibt sie von der einfachen klassischen Variante für 40 oder 50 Euro bis zur 350 Euro teuren Designer-Jeans. Die Jeans sind ein Kleidungsstück mit Vergangenheit und Zukunft, kurz die Hose des 20. Jahrhunderts.

Johannsen: Vielen Dank für das Interview, Herr Kühl.

Option 2

3 Ein Liebeslied

3.1

Meistens liebt er nur sich
und meistens liebt sie nur sich,
aber das macht nichts,
denn sie lieben sich nicht.

Wenn ich dich sehe, freue ich mich
und wenn du dich ärgerst, freu ich mich nicht,
denn ich liebe dich.

Wenn manche sich seh´n,
dann langweilen sie sich,
aber das macht was
und deshalb trennen sie sich.

Wenn ich dich sehe, freue ich mich
und wenn du dich ärgerst, freu ich mich nicht,
denn ich liebe dich.

Du liebst dich manchmal nicht
und Sie lieben sich auch manchmal nicht,
aber macht das was?
Ihr liebt euch ja nicht.

Wenn ich dich sehe, freue ich mich
und wenn du dich ärgerst, freu ich mich nicht.
Erinnerst du dich?

Manchmal liebe ich mich nicht
und manchmal liebst du dich nicht,
aber das macht nichts,
denn wir lieben ja uns.

7 Phonetik: Rhythmus, Melodie und Aussprache

7.2 **a.** **1.** in **2.** Hälfte **3.** Hals **4.** halten **5.** aus **6.** Eis **7.** her **8.** ihr

Lösungen

Einheit 1: *Man lernt nie aus ...*

1.1 **1.** e **2.** f **3.** b **4.** c **5.** d **6.** a

2.2
1. Ich mache oft Urlaub in Österreich, weil ich die Berge liebe und das Essen sehr gerne mag.
2. Heute kann ich nicht mit dir ins Kino gehen, weil ich heute schon verabredet bin. / weil ich krank bin und im Bett bleiben muss. / weil ich in den Urlaub fahre.
3. Du kannst mich nicht anrufen, weil ich in den Urlaub fahre.
4. Ich schreibe den Test nicht mit, weil ich krank bin und im Bett bleiben muss. / weil ich in den Urlaub fahre.

3.4 **richtig:** 1, 2, 4, 5

3.6
1. Ich glaube, dass Erwachsene besser mit Grammatik lernen.
2. Viele Menschen lernen nur selten, weil sie keine Zeit haben.

4.3 **1.** dass **2.** weil **3.** dass **4.** weil **5.** dass / weil **6.** weil **7.** dass **8.** dass

4.5
1. Ich glaube, dass die Frage nicht leicht ist.
2. Das Problem können Sie aber trotzdem lösen.
3. Es ist klar, dass es hier um Grammatik geht. Oder? Also, das ist nicht so schwer. Sind Sie sicher, dass das stimmt?

6.1
Jakob Weber: Kurs: Bürgerliche Küche
Oliver Kull: Kurs: Portugiesisch
Erika Gall: Kurs: Konditionstraining
Christine Keller: Kurs: Textverarbeitung
Sonja Fehr: Kurs: Fotografieren
Fernando Henrique: Kurs: Deutsch als Fremdsprache für den Beruf

Einheit 2: *Höher, schneller, weiter*

A1
Heike Henkel: 2,07 m (Hochsprung, Hallenweltrekord)
Georg (Schorsch) Hackl: (3-mal Olympiasieger, 3-mal Weltmeister im Rennrodeln)**:** 150 km/h (Höchstgeschwindigkeit in Winterberg)
Marita Koch: 47,6 Sek. (Laufen, 400 m, Weltrekord)
Michael Schumacher: (7-mal Formel-1 Weltmeister)**:** 320 km/h (Höchstgeschwindigkeit auf dem Nürburgring)
Jürgen Schult: 74,08 m (Diskuswurf, Weltrekord)
Franziska van Almsick: 1,56 Min. (200 m Freistil, Weltrekord)

1.1
Spalte 3: 2, 13, 11, 14, 3, 10, 9
Spalte 4: 5, 1, 12, 7, 8, 6, 4

1.2
Grad Celsius / °C
Gramm / g, Kilogramm / kg
Quadratmeter / m^2
Stunde / h / Std., Minute / Min., Sekunde / Sek.
Liter / l
Meter / m, Millimeter / mm, Zentimeter / cm
Kilometer / km; Stundenkilometer / km/h

1.3 **Basketball:** 500–600 Gramm, **Blut:** 36–37 Grad, **Eiffelturm:** 320 Meter, **Suezkanal:** 160 bis 190 Meter, **Nordsee:** max. 725 Meter, 94 Meter im Mittel, **Chinesische Mauer:** ca. 6700 Kilometer, **Fußballplätze:** ca. 4600 Quadratmeter, **Flasche:** drei Liter

2.1 **1.** D – km **2.** D – °C; **3.** D – m **4.** A / CH / D – km², m **5.** A / CH / D – m **6.** CH – °C **7.** A – km² **8.** CH – km²; **9.** A / CH / D – km **10.** A / D – Std.(h) **11.** D – km, Std.(h), Min., km/h

3.3 **1.** mehr **2.** schneller **3.** billiger

3.4 kalt kälter, kurz kürzer, schwer schwerer, viel mehr

3.5 Es gibt verschiedene Möglichkeiten, z. B.: Eine Maus ist kleiner als ein Elefant.

3.9 **1.** A ist genauso groß wie B und C **2.** A ist genauso groß wie B **3.** A ist genauso lang wie B **4.** BC ist kürzer als AC

3.10 **1.** als **2.** als **3.** wie **4.** wie **5.** wie **6.** als **7.** als **8.** als

4.2 *regelmäßig:*
schnell – schneller – am schnellsten
interessant – interessanter – am interessantesten
langsam – langsamer – am langsamsten
aktiv – aktiver – am aktivsten
langweilig – langweiliger – am langweiligsten
genau – genauer – am genausten
freundlich – freundlicher – am freundlichsten
laut – lauter – am lautesten
attraktiv – attraktiver – am attraktivsten
unregelmäßig – unregelmäßiger – am unregelmäßigsten
weit – weiter – am weitesten
leicht – leichter – am leichtesten
systematisch – systematischer – am systematischsten

mit *Umlaut:*
kurz – kürzer – am kürzesten
stark – stärker – am stärksten
alt – älter – am ältesten
groß – größer – am größten

unregelmäßig:
gut – besser – am besten
hoch – höher – am höchsten
viel – mehr – am meisten
gern – lieber – am liebsten
nah – näher – am nächsten

4.3 **1.** am größten **2.** am genausten **3.** am teuersten **4.** am kürzesten **5.** am ältesten **6.** am höchsten **7.** am schwersten **8.** am lautesten **9.** am schnellsten
1 b **2** h **3** f **4** e **5** g **6** c **7** d **8** a **9** i

1.1 **1.** Herr und Frau Schulz möchten (gern) 14 Tage Urlaub machen.
2. Die Angestellte im Reisebüro empfiehlt zuerst eine Pauschalreise (nach Thailand)/Reise nach Thailand.
3. Frau Schulz findet, dass Thailand zu weit ist.
4. Herr Schulz möchte nicht nach Österreich, weil das Wetter in Österreich/dort zu unsicher ist.
5. Frau Schulz möchte nicht nach Griechenland, denn Griechenland ist zu heiß/dort ist es zu heiß.
6. Die Reiseberaterin findet Spiekeroog wunderbar, weil das Wetter da gut ist/da keine Autos fahren/es da ruhig ist.

2.1

	Personalpronomen	Nominativ	Akkusativ	Dativ
Singular	1. Person	ich	mich	mir
	2. Person	du	dich	dir
	3. Person	er, es, sie	ihn, es, sie	ihm, ihm, ihr
Plural	1. Person	wir	uns	uns
	2. Person	ihr	euch	euch
	3. Person/formelle Anrede	sie/Sie	sie/Sie	ihnen/Ihnen

2.2 **1.** – Hilfst du mir? + Na klar. Ich helfe dir gern.
2. – Hat Ihnen der Urlaub gefallen? + Ja, danke. Er hat uns sehr gut gefallen.
3. Klaus hat heute Geburtstag. Hast du ihm schon gratuliert?
4. – Wem gehört das Fahrrad? + Ihr.
5. – Schmeckt euch der Salat? + Ja, danke, er schmeckt mir sehr gut. Und dir, Sabine?
6. Herr Chaptal kann die neuen Wörter benutzen. Seine Frau hat mit ihm gelernt.
7. + Herr und Frau Petersen waren gestern sehr krank. – Und wie geht es ihnen heute?
+ Wieder besser.
8. Das Kind kann die Schuhe noch nicht zumachen. Kannst du ihm helfen?

2.3 **1.** Kann ich Ihnen helfen?
2. Mir hat der Urlaub gut gefallen./Der Urlaub hat mir gut gefallen.
3. Wie geht es dir?
4. Ihm gehört das Fahrrad nicht.
5. Die Pizza schmeckt ihnen.

2.5 Entschuldigung, gehört der Koffer Ihnen?
Und wie hat Ihnen/dir Berlin gefallen?
Wo ist Ute? Siehst du sie?
Hat euch/dir das Essen bei Tante Helga auch so gut geschmeckt?
Ich liebe dich.
Kann ich Ihnen helfen?
Ich brauche den Stadtplan. Hast du ihn?
Hast du das Geschenk? Ich habe es nicht.

3.2

	bestimmter Artikel im Dativ	unbestimmter Artikel im Dativ
Maskulinum	dem	einem
Neutrum	dem	einem
Femininum	der	einer
Plural	den	–

4.1 **1.** die Fahrkarte **2.** der Schalter **3.** der Fahrplan **4.** das Gleis/der Bahnsteig **5.** das Gepäck **6.** der ICE-Zuschlag **7.** die 1./2. Klasse **8.** der Fahrkartenautomat

4.4 **Reiseziel:** Frankfurt (am Main) **Fahrt:** einfach **Tag:** morgen **ICE:** ja **Klasse:** 2. **BahnCard:** nein **Preis:** 47,– € **umsteigen:** ja

4.5 Durchsagen 1, 3, 6

4.8
+ Wann fährt der nächste Zug nach Dresden?
– Der nächste Zug nach Dresden fährt um 14:56 Uhr.
+ Wann komme ich (in Dresden) an?
– Sie kommen um 16:21 Uhr in Dresden an.
+ Muss ich (in Hannover) umsteigen?
– Ja. Sie müssen in Hannover umsteigen.
+ Was kostet die Fahrkarte (in der zweiten Klasse) (mit Bahncard)?
– In der zweiten Klasse 26,25 Euro mit BahnCard.
+ Brauche ich einen Zuschlag?
– Nein, für diesen Zug nicht. Nur für den InterCityExpress.
+ Wo/Auf welchem Gleis/Von welchem Gleis fährt der Zug ab?
– Der Zug fährt von Gleis 8 ab.

Einheit 4: *Menschen wie du und ich*

2.5 Liebe Elisabeth,
ich bin jetzt seit einer Woche in London. Ich wohne in einer Gastfamilie. Das ist sehr schwierig, weil mein Englisch noch nicht so gut ist. Aber es ist ein gutes Training. Die Familie heißt Rogers. Die Chefin im Haus ist die Oma, Hazel. Sie ist eine alte Frau (bestimmt schon 90!), sie hat einen guten Charakter und ein fantastisches Temperament. Sie ist eine sehr lustige Frau. Sie hat einen sehr ruhigen Sohn. Er heißt Henry und ich finde ihn toll. Von so einem netten Mann habe ich immer geträumt. Aber Henry ist verheiratet. Seine Frau heißt Rita. Sie ist ca. 50 Jahre alt, und sie ist immer noch eine sehr schöne Frau. Sie hat mir erzählt, dass Henry ihr oft rote Rosen schenkt. Mit so einem romantischen Mann muss das Leben schön sein. Henry und Rita haben schon erwachsene Kinder. Die Tochter Beth wohnt in einer kleinen Stadt in der Nähe von London, der Sohn Jeremy studiert in Liverpool. In London kann man keine billige Wohnung kaufen, hier ist alles sehr teuer.
Das nächste Mal berichte ich dir vom Sprachkurs. Aber da gibt es keine interessanten Männer. Schade!
Liebe Grüße
Barbara

3.2 Der laute Wecker klingelt um 6.30 Uhr.
Das schnelle Frühstück ist ein grüner Tee und ein Apfel.
Die heiße Dusche macht Werner fit.
Um 7.00 Uhr steigt er in den vollen Bus.
Werner mag die viele Arbeit nicht.
Und das laute Büro findet er schrecklich.
Er träumt von dem gemütlichen Feierabend und der netten Kneipe und dem kühlen Bier.
Dann ist die Arbeit zu Ende und Werner trifft sich mit seinen guten Freunden.
Nachts liegt er im Bett und denkt: „Jeden Tag sehe ich mir die vielen Menschen an."
„Sie stehen auf, arbeiten, schlafen, stehen wieder auf. Es ist immer das Gleiche."
„Muss das ganze Leben so sein?", denkt Werner, „Nein! Morgen ändere ich alles!"

3.3

Singular	**Nominativ**	**Akkusativ**	**Dativ**
der	der laute Wecker	den vollen Bus	dem gemütlichen Feierabend
das	das schnelle Frühstück	das laute Büro	dem kühlen Bier
die	die heiße Dusche	die viele Arbeit	der netten Kneipe
Plural	**Nominativ**	**Akkusativ**	**Dativ**
die	die vielen Menschen	die vielen Menschen	den guten Freunden

3.4 **1.** + Hast du den spannenden Thriller gestern Abend gesehen?
– Nein, der alte Fernseher ist genau um acht Uhr kaputt gegangen.
2. + Welchen findest du besser? Den grünen oder den gelben Pullover?
– Pullover? Ich habe gedacht, du ziehst ein Kleid an.
3. + Hast du der neuen Kollegin gesagt, dass sie Dienstag anfangen kann?
– Natürlich.
+ Muss sie sich dann auch bei dem unfreundlichen Personalchef melden?
4. + Fred, wo sind die teuren Gläser von Mutter?
– Keine Ahnung. Vielleicht in dem großen Schrank.

4.4 **Beispiel:**

Liebe Corinna,
jetzt bin ich in Venedig angekommen. Venedig ist eine wunderschöne Stadt. Jeder Tag beginnt mit einem leckeren Cappuccino auf dem Markusplatz. Gestern bin ich in eine schicke Boutique gegangen und habe mir einen sehr teuren Sommermantel gekauft. Man gönnt sich ja sonst nichts. Aber es gibt auch viel Kultur, z. B. interessante Museen und eine Oper. Die Oper ist abgebrannt und jetzt haben sie eine neue Oper gebaut. Die Akustik ist ein Traum.
Jeden Abend sitze ich an den romantischen Kanälen, genieße die warme Abendsonne und sehe die verliebten Paare. 100% Romantik!!!
Liebe Grüße
Brigitte

Option 1

1.1 **1** Kasten **2** über **3** geben **4** mein **5** unter **6** am Anfang **7** ein **schöner** Urlaub

1.2 **a** 5 **b** 1 **c** 2 **d** 3 **e** 4 **f** 6 **g** 7

1.3

Lernen/(Weiter-) Bildung	Typ/Charakter	Urlaub	Bahn fahren
Seminar, das, - e Vortrag, der, "-e Teilnehmer, der , - sich weiterbilden Kultur, die, -en Lernziel, das, -e sich interessieren für Programm, das, -e Information, die, -en VHS, die, Pl.: Volks hochschulen Anfänger, der, -	hilfsbereit nett sich interessieren für egoistisch Typ, der, -en Frühaufsteher , der, - freundlich sensibel	Landschaft, die, -en Tourist, der, -en Kultur, die, -en abfahren Programm, das, -e Information, die, -en Pauschalreise, die, -n Sehenswürdigkeit, die, -en Gepäck, das, * Reisebüro, das, -s Aktivurlaub, der, -e übernachten	umsteigen hin und zurück Verbindung, die, -en abfahren Information, die, -en zweite Klasse, die, * Gleis, das, -e Gepäck, das, * Zuschlag, der, "-e

5.1 Ein Mann macht Urlaub in Deutschland. Er spricht aber kein Deutsch. Der Mann geht in einer kleinen Stadt in ein kleines Restaurant. Er will dort Mittag essen, denn er hat großen Hunger. Am liebsten möchte er Pilze essen. Der Kellner spricht nur Deutsch. Er möchte dem Mann etwas empfehlen. Aber der versteht nichts. Der Mann versteht kein Deutsch. Er kann den Kellner nicht verstehen und auch die Speisekarte nicht lesen. Da hat der Mann eine Idee. Er nimmt ein Blatt Papier aus der Tasche und zieht einen Kugelschreiber aus seiner Jacke. Dann zeichnet der Mann einen großen Pilz auf das Blatt. Er zeigt dem Kellner die Zeichnung. Der Kellner lächelt und geht weg. Der Mann glaubt, dass der Kellner ihn verstanden hat. Nach einer Minute kommt der Kellner wieder und bringt dem Mann – einen Regenschirm.

6.1 Gestern Abend habe ich einen spannenden Film im Fernsehen gesehen. Ich habe Chips gegessen und ein kleines Bier getrunken. Es war ein ruhiger Abend. Plötzlich hat mein Telefon geklingelt. Ein Freund hat mich angerufen, weil er ein Problem hatte: Er wollte seine Freundin vom Flughafen abholen. Aber er war krank. Er hat mich gefragt, ob ich zum Flughafen fahren und seine Freundin abholen kann. Ich habe gesagt: „Ja, das geht. Aber wann kommt sie an? Wie sieht sie aus?" Und dann hat er sie mir beschrieben: „Sie ist groß. Sie ist blond. Sie hat grüne Augen und sie trägt viel Schmuck. Ihr Koffer ist rot. Sie fliegt mit der Lufthansa und sie kommt um 9:40 Uhr an." Dann bin ich zum Flughafen gefahren.

8.1a die Sprache > die Menschen > die Umwelt > lernen > aber > der Deutschkurs > die Freizeit > das Fahrrad > die Volkshochschule > anfangen > aufhören > anrufen > einkaufen > verdienen > erzählen > besuchen > getroffen > interessant > die Methode > informieren

8.1b die Gruppe > pünktlich > der Tanzkurs > die Fahrschule > der Liebeskummer > einladen > ausgehen > aufmachen > zumachen > verlieben > verschlafen > erfinden > geträumt

8.3 bald > Welt > wenn > Flüge > Tier > Bar > früh > Größe > Uhr > groß > üben > lösen > können > mir > leben > ihn > im > wen > Osten > Stadt > Suppe

Selbstevaluation

Beispiele: 1 Ich habe keine Hausaufgaben gemacht, weil meine Katze krank war.

2 Urlaub in Deutschland ist schön, weil es viele Sehenswürdigkeiten gibt. Urlaub in Deutschland macht keinen Spaß, weil es in Deutschland kalt ist.

3 Ich glaube, der Mann ist glücklich, weil er geheiratet hat. Ich denke, der Mann hat ein Baby bekommen und jetzt ist er glücklich.

4 In dem einen Glas ist mehr als in dem anderen.

5 Das Auto fährt 90 Stundenkilometer (schnell). Der Stift ist 13 Zentimeter lang.
6 Da schmeckt mir das Essen nicht. Da ist es immer warm.
7 Wann fährt der nächste Zug nach Berlin? Wann kommt der Zug in Berlin an?
8 Der Mann trägt eine blaue Brille. Er hat eine große Nase. Sie ist rot. Er hat eine gelbe Mütze auf dem Kopf und einen grünen Schal um den Hals.

Bei welchen Aufgaben haben Sie „kann ich nicht so gut" markiert? Wiederholen Sie:

… zu Aufgabe 1 Einheit 1.2
… zu Aufgabe 2 Einheit 1.5
… zu Aufgabe 3 Einheit 2
… zu Aufgabe 4 Einheit 2.3
… zu Aufgabe 5 Einheit 2.1
… zu Aufgabe 6 Einheit 3.1
… zu Aufgabe 7 Einheit 3.4
… zu Aufgabe 8 Einheit 4.1 und 2

Einheit 5: *In der Schweiz*

1.3

	Hotel 1	Hotel 2	Hotel 3
Zimmer frei vom 12. bis 14.05.	ja	nein	ja
Preis für zwei Übernachtungen	320 CHF	450 CHF	250 CHF
Entfernung zum Hauptbahnhof	3,8 km	700 m	750 m

1.5
1. Ein Doppelzimmer. / Ein Nichtraucherzimmer.
2. Zwei Nächte.
3. 215.
4. Von 7.00 bis 10.30 Uhr.
5. Einen Fahrstuhl, eine Sauna und einen Swimmingpool.

1.6

Familienname *Bernhard*	Vorname *Petra*
Straße, Hausnummer *Schlossallee 183*	Postleitzahl, Stadt *12163 Berlin*
Staat *Deutschland*	Staatsangehörigkeit *deutsch*
Geburtsdatum *23.02.1951*	Pass-Nummer *2304023396*
Telefon *(030) 18 73 36 99*	E-Mail *pe.bern@webline.de*
	Unterschrift …………………………

2.1 an, auf, hinter, in, neben, unter, über, vor, zwischen

2.2 Richtung/Ziel (wohin): Präposition + Akkusativ
Ort (wo): Präposition + Dativ

2.3
1. Am Freitagabend gehen Herr und Frau Bernhard <u>in die</u> Sauna.
2. Am Samstagmorgen gehen Herr und Frau Bernhard <u>in den</u> Swimmingpool.
3. Am Samstagvormittag gehen Herr und Frau Bernhard <u>in das</u>/<u>ins</u> Uhrenmuseum.
4. Am Samstagmittag gehen Herr und Frau Bernhard <u>in das</u>/<u>ins</u> Restaurant („Alt Zürich").

5. Am Samstagnachmittag gehen Herr und Frau Bernhard in den botanischen Garten.
6. Am Samstagabend gehen Herr und Frau Bernhard in die Oper.

2.4 **Beispiel:**
Liebe Sonja,
wir sind in Zürich. Wir sitzen gerade am Frühstückstisch. Heute machen wir einen Stadtrundgang und dann fahren wir auch schon wieder zurück. Am Freitagabend war ich im Hotel in der Sauna. Samstagmorgen war Norbert im Swimmingpool. Am Vormittag waren wir im Uhrenmuseum. Mittags haben wir im Restaurant „Alt Zürich" gegessen und am Nachmittag waren wir im botanischen Garten. Wir waren gestern Abend auch noch in der Oper. Es ist wunderschön hier.
Liebe Grüße,
Petra

2.6 **1.** die Kirche **2.** die Kreuzung **3.** die Brücke **4.** der Platz **5.** die Ecke

2.7 durch + Akkusativ, Akkusativ + entlang, zu + Dativ

Du gehst vom Rathaus nach rechts den Limmatquai entlang. Dann gehst du nach links durch die Römer-Gasse zum Zwingli-Platz.

3.4 Das Matterhorn ist 4478 m hoch.
Der Ort direkt am Berg heißt Zermatt.
Seit 1865 haben über 350 Menschen am Matterhorn ihr Leben verloren.
Jedes Jahr kommen viele Besucher/Touristen nach Zermatt. Der Ort hat nur 4500 Einwohner, aber in der Hochsaison wohnen etwa 24000 Menschen im Dorf.
Für die Touristen gibt es etwa 6500 Hotelbetten und 13000 private Übernachtungsmöglichkeiten.
Zermatt ist klein. Autos dürfen hier nicht fahren, weil der Ort autofrei ist.
Sie müssen weiter unten parken.

4.1

Personalpronomen	**Possessivbegleiter**							
Nominativ	**Nominativ**				**Akkusativ**			
	m	**n**	**f**	**Plural**	**m**	**n**	**f**	**Plural**
ich	mein	mein	meine	meine	meinen	mein	meine	meine
du	dein	dein	deine	deine	deinen	dein	deine	deine
er	sein	sein	seine	seine	seinen	sein	seine	seine
es	sein	sein	seine	seine	seinen	sein	seine	seine
sie	ihr	ihr	ihre	ihre	ihren	ihr	ihre	ihre
wir	unser	unser	unsere	unsere	unseren	unser	unsere	unsere
ihr	euer	euer	eure	eure	euren	euer	eure	eure
sie	ihr	ihr	ihre	ihre	ihren	ihr	ihre	ihre
Sie	Ihr	Ihr	Ihre	Ihre	Ihren	Ihr	Ihre	Ihre

4.3

Personalpronomen	Possessivbegleiter			
Nominativ	Dativ			
	m	**n**	**f**	**Plural**
ich	meinem	meinem	meiner	meinen
du	deinem	deinem	deiner	deinen
er	seinem	seinem	seiner	seinen
es	seinem	seinem	seiner	seinen
sie	ihrem	ihrem	ihrer	ihren
wir	unserem	unserem	unserer	unseren
ihr	eurem	eurem	eurer	euren
sie	ihrem	ihrem	ihrer	ihren
Sie	Ihrem	Ihrem	Ihrer	Ihren

4.5 Meinem Vater, meiner Mutter, meinem Onkel, meiner Großmutter, allen meinen Freunden, meinem Chef und seiner Frau, meiner Frau und ihrer Mutter, meiner Kollegin Marianne, meinen Söhnen und meinen Töchtern.

4.6 **Beispiele:** Luise zeigt ihrem Freund die Stadt.
Urs schreibt seiner Frau eine Postkarte.
Herr Daus kauft seinen Kollegen Blumen.
Luise schenkt ihrem Freund einen Ring.
Herr und Frau Daus schicken ihrem Freund ein Paket.
Herr und Frau Daus bringen ihren Freunden eine Pizza mit.

5.1 Satzgrafik 1: A, C, E
Satzgrafik 2: B, D

5.2 **Beispiel:**

1. Ich schenke meinem Freund Blumen, denn ich liebe ihn/weil ich ihn liebe.
2. Zermatt gefällt mir und ich fahre jedes Jahr hin.
3. Sie brauchen keinen ICE-Zuschlag, denn Sie fahren nicht mit einem ICE./weil Sie nicht mit einem ICE fahren.
4. Bergsteigen ist gefährlich, aber Bergsteigen macht Spaß.
5. Morgens lernen ist gut, denn man kann sich gut konzentrieren.
6. Ich weiß, dass ich ihn liebe.
7. Ich denke, dass sie mich nicht mehr liebt/dass Bahnfahren besser als Autofahren ist.
8. Ich kann das Hotel nicht bezahlen, weil das Zimmer 300,– € pro Nacht kostet.
9. Die Stadt ist langweilig, aber das Museum ist interessant./und die Geschäfte gefallen mir nicht.
10. Ich bin gerne in den Alpen und ich fahre jedes Jahr hin.

6.3

1. Wenn wir noch ein Hotelzimmer bekommen, fahren wir nach Zermatt.
2. Wenn du Lust hast, können wir in den botanischen Garten gehen.
3. Dass wir zwei Wochen nach Spanien fahren, finde ich schön.
4. Weil ich wenig Geld habe, fahre ich nicht in Urlaub.
5. Wenn ich in der Schweiz bin, bringe ich meiner Mutter immer Schokolade mit.

A1 **1.** ein thailändisches Restaurant: Nudelsuppe Chiang Mai
2. ein ägyptisches Restaurant: Couscous
3. ein deutsches Restaurant: Rinderroulade
4. ein italienisches Restaurant: Lasagne
5. ein griechisches Restaurant: Bifteki
6. ein spanisches Restaurant: Paella

A2 Die Familie war in einem italienischen Restaurant (letzte Woche) und in einem chinesischem Restaurant (Omas Geburtstag). Sie gehen in ein ägyptisches Restaurant.

1.2 **Beispiel:**

Fisch	Fleisch	Gemüse / Beilagen	Süßes / Obst	Sonstiges
Lachssteak Fischstäbchen …	Gulaschsuppe Wiener Schnitzel Schweinebraten Rinderfiletsteak Schinken …	Tomatensuppe Tomaten Salatteller Salat Pommes frites Kartoffeln Kartoffelknödel Folienkartoffel Gemüsepfanne Champignons Auberginen Zucchini Paprika Zwiebeln …	Vanilleeis Gemischtes Eis Schokoladensoße Sahne Preiselbeeren Birne Hélène Ananas …	Sahnehäubchen Basilikum Rahmsoße Kräuterbutter Knoblauch Hawaii-Toast Buttertoast Baguette Käse Camembert Mozzarella …

1.3 Pils, Cola, Lachssteak (ohne Kräuterbutter), (überbackener) Camembert

2.1

3.1 **1** c, **2** b, **3** b, **4** a, **5** b, **6** a, **7** c, **8** a, **9** c

3.2

Der Braten ist zart. **+** / zäh. **–** Der Braten ist etwas fad. **–** / etwas salzig. **–** Der Braten ist sehr fett. **–** / sehr mager. **+** Der Braten ist zu salzig. **–** / zu fett **–**	Das Steak schmeckt/ist ausgezeichnet. **++** ... sehr lecker/sehr gut. **++** ... lecker/gut. **+** ... nicht so lecker/gut. **–** ... scheußlich. **––** Das Steak ist o.k. **+/–** Es geht. **+/–**

3.4

A	falsches Essen	1, 9
B	etwas fehlt	5, 6, 7, 8, 10
C	das Essen ist nicht in Ordnung	2, 3, 4

3.6 Ich habe nicht lange auf mein Essen gewartet.
Ich brauche kein Besteck.
Bei meinen Pommes fehlt kein Ketschup.
Ich warte nicht auf mein Bier.
Mein Essen ist nicht kalt und das Restaurant ist nicht teuer.

4.1 **a** 2, **b** 1, **c** 4, **d** 3

4.5 **A** 3, **B** 3, **C** 72 kg, **D** Weil Schmalzbrote keine gute Ernährung sind. So etwas sollen junge Fußballer besser nicht essen.

Einheit 7: *Mein Arbeitsplatz*

A1 **1** Frisörin **2** Briefträger **3** Journalistin **4** Software-Entwickler **5** Taxifahrer **6** Zahnarzthelferin

1.2 **1** f **2** e **3** d **4** b **5** a **6** c

1.5 Ich freue mich auf unser neues Projekt.
Er ärgert sich schon den ganzen Tag.
Wir langweilen uns, wenn wir nichts Neues machen.
Warum beschwert ihr euch bei mir?
Vielleicht interessieren Sie sich ja auch für unser Projekt.

1.6

	ich	**du**	**er/es/sie**	**wir**	**uns**	**sie**
Reflexivpronomen im Akkusativ	mich	dich	sich	uns	euch	sich

1.7
1. Oh, das ist ein schönes Geschenk. Ich freue mich sehr.
2. Hallo Kinder. Habt ihr nichts zu tun? Langweilt ihr euch?
3. Der Chef ärgert sich über Frau Krause. Sie kommt zu spät.
4. Paolo, sag mal, interessierst du dich auch für Fußball?
5. Wann fährt der Zug nach München? Wir informieren uns am Schalter.
6. Jose und Jasmin haben eine Cola bestellt und bekommen ein Wasser. Sie beschweren sich beim Kellner.

2.1 **a** 1 **b** 6 **c** 3 **d** 8 **e** 4 **f** 9 **g** 2 h 5 **i** 7

2.2

Verben mit Präposition + Akkusativ	Verben mit Präposition + Dativ
sich interessieren für sich bewerben um sich freuen über sich informieren über warten auf denken an sich vorbereiten auf bitten um (Verben aus 1.2:) sich beschweren über sich freuen auf sich ärgern über	telefonieren mit sprechen mit fragen nach träumen von anfangen mit

2.3 1. mit 2. auf 3. mit 4. für 5. über 6. auf 7. an 8. auf/über 9 von 10 um

3.2 Mit wo + Präposition fragt man nach Sachen.
Mit Präposition + Fragewort fragt man nach Personen.

3.3 **Beispiel:** **1.** Worauf freust du dich?
2. An wen denkst du?
3. Worüber ärgerst du dich?
4. Wofür interessierst du dich?
5. Auf wen freust du dich?
6. Wovon träumst du?
7. Über wen ärgerst du dich?

Einheit 8: *Wie steht mit das?*

2.1 Herr Kühl ist ein erfolgreicher Mode-Designer und er ist immer sehr elegant angezogen. Heute trägt er eine grüne Jeans mit einem weißen Streifen. Dazu ein seidenes, weißes Hemd mit einer grünen Krawatte. Auch seine Unterhose ist grün, aber man kann sie natürlich nicht sehen. Wenn Herr Kühl seine Füße auf den Tisch legt, kann man seine supermodernen italienischen Schuhe und seine grünen Socken sehen. Sein Gürtel ist aus dem besten Leder. Besonders cool findet er seine dunkle Brille. Mit ihr sieht er aus wie ein amerikanischer Filmstar. Sein liebstes Kleidungsstück ist das karierte Jackett.

3.2

	Reflexivpronomen im Akkusativ	Reflexivpronomen im Dativ
ich	mich	**mir**
du	dich	**dir**
er/es/sie	sich	sich
wir	uns	uns
ihr	euch	euch
sie/Sie	sich	sich

3.3 **1.** Lina zieht sich einen warmen Pullover an.
2. Kaufst du dir das karierte Hemd?
3. Merkt ihr euch eure Kleidergrößen?
4. Wir sehen uns die Sonderangebote an.
5. Tom und Ludmilla leihen sich eine DVD aus.
6. Ich wünsche mir einen iPod.

4.1 Die Eltern von Thomas wollen, dass er sich warm anzieht. Sie sagen, dass er ein warmes Unterhemd und einen dicken Pullover tragen soll. Seine Mutter sagt, dass er eine Mütze aufsetzen soll. Sein Vater will, dass er Handschuhe anzieht. Thomas will die Sachen aber nicht tragen. Seine Oma will, dass er warme Stiefel trägt. Und sie sagt, dass er einen Schal anziehen soll. Er will aber nicht.

4.3

Infinitiv	dürfen	können	möchten	müssen	sollen	wollen
ich	darf	kann	möchte	muss	soll	will
du	darfst	kannst	möchtest	musst	sollst	willst
er, es, sie	darf	kann	möchte	muss	soll	will
wir	dürfen	können	möchten	müssen	sollen	wollen
ihr	dürft	könnt	möchtet	müsst	sollt	wollt
sie, Sie	dürfen	können	möchten	müssen	sollen	wollen

4.4 (Es gibt mehrere Möglichkeiten) Eva sagt, ich soll/muss ihr nichts schenken, ich will/möchte ihr aber etwas mitbringen. Vielleicht eine Flasche Wein? Nein, Ludmilla und Tom wollen ihr schon einen guten Wein schenken. Aber was dann? Ein Buch oder eine CD? Ich kann ja im Kaufhaus etwas für sie aussuchen. Aber dann muss ich vorher noch zum Geldautomaten gehen. Oh, es ist schon spät, ich muss sofort losgehen. Ach, ich kann sie ja nächste Woche zum Italiener einladen. Habe ich alles? Ich darf auf keinen Fall die Geburtstagskarte vergessen.

5.1 **1** Der Großvater war auf dem Foto (1946) sieben Jahre alt. Heute (2006) ist er 67.
2 Der Großvater musste die Schuhe, Hosen und Pullover von seinen älteren Geschwistern tragen.
3 Mit Stöcken und Steinen.

5.2

	müssen	können	dürfen	wollen	sollen
ich	musste	konnte	durfte	wollte	sollte
du	musstest	konntest	durftest	wolltest	solltest
er/es/sie	musste	konnte	durfte	wollte	sollte
wir	mussten	konnten	durften	wollten	sollten
ihr	musstet	konntet	durftet	wolltet	solltet
sie/Sie	mussten	konnten	durften	wollten	sollten

6.3 **A** 5 **B** 3 **C** 1 **D** 6 **E** 4 **F** 2

7.1

Infinitiv	Vokalwechsel	Partizip II
schlafen		geschlafen
treffen	e → o	getroffen
gehen	e → a	gegangen
trinken	i → u	getrunken

anziehen	ie → o	angezogen
zusehen		zugesehen
finden	i → u	gefunden
gefallen		gefallen
aussehen		ausgesehen
singen	i → u	gesungen
mitnehmen	e → o	mitgenommen

7.2 arbeiten – anfangen – beginnen – diskutieren – brauchen – einladen – gehen – heiraten – einkaufen – singen – sagen – ergänzen – fernsehen – hören – schreiben

8.4 **Falsch:** 2, 3, 6, 10

Option 2

3.1 Meistens liebt er nur sich
und meistens liebt sie nur sich,
aber das macht nichts,
denn sie lieben sich nicht.

Wenn manche sich seh´n,
dann langweilen sie sich,
aber das macht was
und deshalb trennen sie sich.

Du liebst dich manchmal nicht
und Sie lieben sich auch manchmal nicht,
aber macht das was?
Ihr liebt euch ja nicht.

Manchmal liebe ich mich nicht
und manchmal liebst du dich nicht,
aber das macht nichts,
denn wir lieben ja uns.

6.1 **C > D > B > A > F > E**

6.2 **1** F **2** B **3** C **4** E **5** D **6** A

Beispiel:
Reihenfolge der Geschichte:
Bilder **B > E > F > A > D > C**
Textabschnitte **2 > 4 > 1 > 6 > 5 > 3**

Die Mutter stellt das Essen auf den Tisch. Der Vater sitzt am Tisch und hat Hunger. Aber die Mutter will, dass der Vater den Sohn holt.

Der Vater geht ins Kinderzimmer. Der Sohn liegt im Kinderzimmer auf dem Fußboden und liest ein Buch.

Der Vater sagt, dass der Sohn zum Essen gehen soll. Der Vater sieht das Buch. Es ist sehr interessant.

Der Sohn und die Mutter sitzen am Tisch. Jetzt ist der Vater nicht da.

Die Mutter sagt dem Sohn, dass er den Vater holen soll. Das Essen ist schon kalt.

Der Sohn geht ins Kinderzimmer. Der Vater liegt im Kinderzimmer auf dem Fußboden und liest das Buch.

7.1a

Können Sie mir noch Brot bringen?
Können wir zahlen?
Was hätten Sie gerne?
Was möchten Sie trinken?

Bringen Sie uns bitte noch Salz.
Ich hätte gerne einen kleinen Salat.
Sie wünschen?

Ich hatte eine Suppe bestellt, keinen Salat.
Können Sie mir bitte ein Glas bringen?
Möchten Sie Kartoffeln oder Reis?
Ja, ich komme sofort.

7.2a 1. in 2. Hälfte 3. Hals 4. halten 5. aus 6. Eis 7. her 8. ihr

Selbstevaluation

Beispiele:

1 Familienname: Bernhard, Vorname: Petra, Straße: Schlossallee, Hausnummer: 183
2 Ich bin im Museum. Ich bin am Strand. Ich bin zu Hause.
3 Ich gehe in den Supermarkt. Ich gehe in die Stadt. Ich gehe nach Hause.
4 „Ich hätte gern die Tomaten mit Mozzarella und den Schweinebraten."
5 das Messer, die Gabel, der Löffel
6 Ein Briefträger arbeitet draußen. Er ist angestellt. Er hat viel Kontakt zu Menschen. Er muss nicht am Sonntag arbeiten.
7 Auf wen freuen Sie sich? Worüber freuen Sie sich? Worüber ärgern Sie sich? Für wen interessieren Sie sich?
8 Der Rock steht dir/Ihnen nicht gut. Er ist zu eng.
9 Ich wollte/sollte/durfte keinen Kaffee trinken. Ich wollte groß sein. Ich wollte/sollte/musste im Haushalt helfen.

Bei welchen Aufgaben haben Sie „kann ich nicht so gut" markiert? Wiederholen Sie:

... zu Aufgabe 1	Einheit 5.1	***... zu Aufgabe 5***	Einheit 6.2
... zu Aufgabe 2	Einheit 5.2, auch Band 1, Einheit 9.2	***... zu Aufgabe 6***	Einheit 7/A, auch Band 1, Einheit 10.1
... zu Aufgabe 3	Einheit 5.2, auch Band 1, Einheit 9.2	***... zu Aufgabe 7***	Einheit 7.3
		... zu Aufgabe 8	Einheit 8.1
... zu Aufgabe 4	Einheit 6.1	***... zu Aufgabe 9***	Einheit 8.5

Alphabetische Wortliste Wortschatz von Einheit 1 – Option 2

Wörter, die Sie nicht unbedingt zu lernen brauchen, sind *kursiv* gedruckt.
Die Zahlen geben an, wo die Wörter vorkommen (z. B. 4/4.3 bedeutet Einheit 4, Abschnitt 4.3; 8/A = Einheit 8, Auftaktseite).

Opt. = Option
SE = Selbstevaluation
a = kurzer Vokal
a = langer Vokal
"- = Umlaut im Plural
* = dieses Wort existiert nur im Singular
Pl. = dieses Wort existiert nur im Plural
Dat. = Dativ
Akk. = Akkusativ

abbrennen, abgebrannt ... 4/4.3
***Abendsonne**, die, ** ... 4/4.3
abfahren, abgefahren ... 3/4.7
***Abfahrtszeit**, die, -en* ... 3/4.7
***Abkürzung**, die, -en* ... 2/1.1
Abreise, die, * ... 5/1.6
***Abweichung**, die, -en* ... 2/4.3
***Adjektivdeklination**, die, -en* ... 4/A
ägyptisch ... 6/A
Ahnung, die, -en, *(hier:)* Keine Ahnung. ... 4/3.4
aktivieren ... 3/So geht's
***Aktivurlaub**, der, -e* ... 3/1.2
***Akustik**, die, ** ... 4/4.3
***Allergie**, die, -n* ... 3/1.2
Alter, das, - ... 1/3.3
Altstadt, die, "-e ... 5/2.5
Ampel, die, -n ... 5/2.9
***Andenken**, das, -* ... 3/5
ändern ... 4/3.2
anfertigen ... 6/So geht's
angestellt ... 7/A
Angestellte, der/die, -n ... 3/1.1
anhaben ... 4/2.7
ankommen, angekommen ... 3/4.7
Ankunft, die, * ... 5/1.5
***Ankunftszeit**, die, -en* ... 3/4.7
anlegen ... 5/So geht's
***Anmeldeformular**, das, -e* ... 5/A
anmelden ... 8/8.2
Anmeldung, die, -en ... 5/1.6
annehmen, angenommen ... 7/4.2
annieten ... 8/8.2
***Ansicht**, die, -en* ... 1/5.1
***Ansichtssache**, die, -n* ... 1/5.2
anstrengend ... 7/A
Appetit, der, * ... 6/A
***Arbeiterhose**, die, -n* ... 8/8.2
***Arbeiterkleidung**, die, ** ... 8/8.2
***Arbeitshose**, die, -n* ... 8/8.2
***Arbeitskleidung**, die, ** ... 8/A
***Arbeitsphase**, die, -n* ... 4/1.1
Arbeitsplatz, der, "-e ... 7/A
Arbeitstag, der, -e ... 7/2.1
Arbeitsvertrag, der, "-e ... 7/2.1
Arbeitswoche, die, -n ... 7/4.2
Arbeitszeit, die, -en ... 7/A
ärgern (+ sich) ... 7/1.2
***Argument**, das, -e* ... 1/So geht's
argumentieren ... 1/5
arm ... 6/4.2
Aschenbecher, der, - ... 6/2.1
Assoziation, die, -en ... 1/3.1
***Atemübung**, die, -en* ... 7/4.2
***Atomuhr**, die, -en* ... 2/4.3
attraktiv ... 2/4.2
aufeinander ... Opt. 2/5.1
aufhängen ... 2/5.2
aufsetzen ... 8/4.1
***Auftrag**, der, "-e* ... 8/4.2
ausbauen ... 4/So geht's
ausdrücken ... 3/A
ausfüllen ... 5/A
***Ausgangspunkt**, der, -e* ... 5/2.8
ausgehen** (+ von etw.), **ausgegangen ... 5/3.3
aushalten, ausgehalten ... 8/8.2
***Aushang**, der, "-e* ... 1/6.1
auskommen, ausgekommen ... 4/A
auslernen ... 1/A
Ausrede, die, -n ... 1/4.1
***Aussage**, die, -n* ... 4/1.4
ausschreiben, ausgeschrieben ... 2/2.1
Aussehen, das, * ... 4/2.1
äußern ... 1/5.2
Ausstellung, die, -en ... 5/2.5
Australien ... 3/So geht's
***Auswertung**, die, -en* ... 4/A
autofrei ... 5/3.3
Automat, der, -en ... 3/4.1
Babysitter, der, - ... 1/4.1
***Backe**, die, -n* ... 6/4.1
***Baguette**, das, -s* ... 6/3.3
Bahn, die, -en ... 3/1.5

erfolgreich ... 8/2.1
erfragen ... 3/A
erholt sein ... 5/6.1
erledigen ... 4/1.1
Ernährung, die, * ... 6/4.5
erraten ... 1/2.5
erreichen ... 5/3.3
erwachsen ... 1/1.1
Erwachsene, der/die, -n ... 1/1.1
Esel, der, - ... 3/3.3
Essig, der, -e ... 6/2.1
Esslöffel, der, - ... 6/2.1
Extrawunsch, der, "-e ... 6/1.4
fad ... 6/3.2
Fädchen, das, - ... 6/4.1
Fahrkartenautomat, der, -en ... 3/4.1
Fahrplan, der, "-e ... 3/4.1
Fahrpreis, der, -e ... 3/4.7
Fahrschule, die, -n ... 1/2.3
Fahrt, die, -en ... 3/1.6
Faktor, der, -en ... 1/3.3
Fall, der, "-e, (hier:) auf gar keinen Fall ... 8/4.4
Familienname, der, -n ... 5/1.6
fantastisch ... 3/1.4
färben ... 8/8.2
faszinierend ... 8/8.2
Fax, das, -e ... 7/2.3
Fehler, der, - ... 1/3.3
Feierabend, der, -e ... 7/4.2
fest ... 7/So geht's
festhalten, festgehalten ... 5/So geht's
fett ... 6/3.2
Fett, das, -e ... 6/4.2
Figur, die, -en ... 2/3.9
Filmabend, der, -e ... 1/1.1
Filmstar, der, -s ... 8/2.1
Fischsuppe, die, -n ... 6/3.3
fit ... 4/A
Fitness, die, * ... 4/A
Fläche, die, -n ... 2/2.1
fördern ... 3/So geht's
Formular, das, -e ... 5/A
Fotoapparat, der, -e ... 1/6.1
fotografieren ... 1/6.1
Fragewort, das, "-er ... 7/3.2
Freizeitinteresse, das, -n ... 5/A
Freude, die, * ... 7/1.8
Freundeskreis, der, -e ... 4/1.1
Frühaufsteher/in, der/die, -/-nen ... 4/A
Frühstückstisch, der, -e ... 5/2.4
führen, (hier:) ein Telefonat führen ... 7/4.2
Führerschein, der, -e ... 1/2.3
Fußballer/in, der/die, -/-nen ... 6/4.4
Fußballnationalspieler, der, - ... 6/4.5
Fußballplatz, der, "-e ... 2/1.3
Fußballprofi, der, -s ... 6/4.5
Fußballverein, der, -e ... 3/1.6
Fußballweltmeisterschaft, die, -n ... 6/4.5
Gabel, die, -n ... 6/2.1
Gang, der, "-e ... 2/3.1
ganztags ... 7/A
Gasse, die, -n ... 5/2.5
Gastfamilie, die, -n ... 4/2.5
Gebirge, das, - ... 2/5.1
Geburtstagsgeschenk, das, -e ... Opt. 2/SE1
Geburtstagskarte, die, -n ... 8/4.4
Gedanke, der, -n ... 7/3.5
gefährlich ... 8/A
Gefallen, das, * ... 3/A
Gefühl, das, -e ... 7/3.5
Gegenteil, das, -e (hier:) **Im Gegenteil** ... 1/5.2
Gehalt, das, "-er ... 7/A
Gehaltserhöhung, die, -en ... 7/2.3
gehören (+ Dativ) ... 3/2.2
gelaunt ... 7/3.3
Gemüsepfanne, die, -n ... 6/3.1
genervt ... Opt. 2/7.1
genial ... 8/8.2
genießen, genossen ... 4/4.3
Gepäck, das, * ... 3/4.1
Geschäft, das, -e ... 8/1.3
gestalten ... 4/4.1
gestreift ... 8/1.1
Gewähr, die, * (hier:) ohne Gewähr ... 3/2.6
Gewichtsproblem, das, -e ... 6/4.5
Gipfel, der, - ... 5/3.3
Gleis, das, -e ... 3/4.1
glücklich ... 1/5.3
Glücksfall, der, "-e ... 5/3.3
Gold, das, * ... 8/8.2
Goldgräber/in, der/die, -/-nen ... 8/8.2
Goldrausch, der, * ... 8/8.2
Goldsucher/in, der/die, -/-nen ... 8/8.2
Golf, das, * ... 3/1.2
gönnen (+ sich) ... 4/4.3
Grad Celsius (°C), das, - ... 2/1.1
Grammatik-Überblick, der, -e ... 5/So geht's
gratulieren ... 3/2.2
Grenze, die, -n ... 5/3.3
griechisch ... 6/A
gründen ... 8/8.2
Grundkurs, der, -e ... 1/6.1
Gulasch, das, -s (meistens *) ... 6/1.2
Gulaschsuppe, die, -n ... 6/1.2
Gürtel, der, - ... 8/2.1
Gymnastik-Lehrer/in, der/die, -/-nen ... Opt. 1/7.1

Halb-Overall, *der, -s* ... 8/8.2
halbtags ... 7/A
Hammer, der, "- ... 8/8.2
handeln ... 8/8.2
Handlung, *die, -en* ... 1/3.3
Handschuh, der, -e ... 8/A
hart ... 8/8.2
Hauchlaut, *der, -e* ... Opt. 2/7.2
Hauptbahnhof, der, "-e ... 5/1.3
Hauptgericht, das, -e ... 6/1.1
Heimatregion, die, -en ... 2/5.1
Heimatstadt, die, "-e ... 2/5.1
hellblau ... 4/2.7
Helm, *der, -e* ... 8/A
herum ... 2/4.1
hervorrufen, hervorgerufen ... 6/So geht's
Herz, das, -en ... 1/3.3
heutig ... 8/8.2
hilfsbereit ... 4/2.1
himmlisch ... 3/1.2
hin und zurück ... 3/4.4
Hindi, *das, ** ... 3/1.4
Hochsaison, *die, -s* ... 5/3.3
hoffen ... 6/4.5
Höhe, die, -n ... 5/3.3
Hosentasche, *die, -n* ... 8/8.2
Hotelbett, *das, -en* ... 5/3.3
hübsch ... 4/2.3
humorvoll ... 4/2.8
Hund, der, -e ... 1/4.1
Hunger, der, * ... 4/1.1
ICE (Intercity-Express), der, Pl.: ICEs ... 3/4.1
ICE-Zuschlag, der, "-e ... 3/4.1
imitieren ... 3/2.6
Indianerschmuck, *der, ** ... 3/5.2
informieren (+ sich) ... 7/1.2
Insekt, das, -en ... 2/4.3
Insel, die, -n ... 2/4.3
insgesamt ... 2/2.1
Institution, *die, -en* ... 1/1.1
intelligent ... 4/2.2
intensiv ... 8/8.2
Intensivkurs, *der, -e* ... 1/6.1
interessieren (+ sich) ... 7/1.2
i-Pod, *der, -s* ... 8/3.3
ja (Partikel) ... 3/1.2
Jackett, *das, -s* ... 8/2.1
Jazztanz, *der, "-e* ... 1/1.1
Jeans-Karriere, *die, ** ... 8/8.4
Jeansstoff, *der, -e* ... 8/8.6
Journalist/in, *der/die, -en/-nen* ... 7/A
Jugendliche, der/die, -n ... 1/1.1
Kälte, die, * ... 8/1.3

Kamel, *das, -e* ... 2/3.11
Kanal, *der, "-e* ... 4/4.3
Känguru, *das, -s* ... 3/So geht's
Kantine, die, -n ... 7/1.5
kaputt gehen, kaputt gegangen ... 4/3.4
Karriere, die, -n ... 8/8.2
Kassette, die, -n ... 1/3.3
Katze, die, -n ... Opt. 1/2.1
kaum ... 8/5.2
kerngesund ... 6/4.1
Kerze, die, -n ... 6/2.1
Ketschup, das, -s ... 6/3.5
Kettenübung, *die, -en* ... 7/1.8
Klasse, die, -n, *(hier:)* 1./2. Klasse ... 3/4.1
klassisch ... 4/1.1
Klatsch, *der, ** ... 3/2.6
kleben ... Opt. 1/7.1
Kleidergröße, *die, -n* ... 8/3.3
Kleinstadt, die, "-e ... 8/8.4
klingeln ... 4/3.2
klingen, geklungen ... 7/1.5
klug ... 4/2.3
Knoblauch, der, * ... 6/3.3
Knoblauchbaguette, *das, -s* ... 6/3.3
Koala, *der, -s* ... 3/So geht's
Kochkurs, der, -e ... 1/1.1
Kombination, *die, -en* ... Opt. 1/2
Komma, das, -s/-ta ... 2/A
kommentieren ... 6/A
kommunizieren ... 1/3.3
Komparation, *die, -en* ... 2/A
Komparativ, *der, -e* ... 2/A
Kompliment, das, -e ... 4/4.2
Konditionstraining, *das, ** ... 1/6.1
Kongressstadt, *die, "-e* ... 2/So geht's
König/in, der/die, -e/-nen ... 5/3.3
Königskostüm, *das, -e* ... 8/6.3
Konzentration, *die, ** ... 3/So geht's
konzentriert ... 4/1.1
kostbar ... 5/3.3
Kostüm, *das, -e* ... 8/6.3
Kotelett, das, -s ... 6/3.3
Kraft, die, "-e ... 1/5.1
Kragen, *der, -* ... 8/2.2
Kräuterbutter, *die, ** ... 6/1.4
Krawatte, die, -n ... 8/2.1
Kreditkarte, die, -n ... 3/4.7
Kreis, der, -e ... 8/2.2
Kreuz, *das, -e* ... 4/1.1
Kreuzung, die, -en ... 5/2.5
Kubikmeter *(m^3), der, -* ... 2/1.1
Kuckucksuhr, *die, -en* ... 3/5.1
kugelrund ... 6/4.1

Kuh, die, "-e … 3/3.3
kühl … 4/3.1
kultiviert … 4/2.8
Kultur, die, -en … 1/2.3
Kundendienst, der, * … 7/1.2
Kunstausstellung, die, -en … 5/2.5
Kupferniete, die, -n … 8/8.2
Kuppel, die, -n … 3/3.1
Kursraum, der, "-e … 1/3.5
lächeln … Opt. 1/5.1
Lachs, der, -e … 6/3.1
Lammkotelett, das, -s … 6/3.3
Landschaft, die, -en … 3/1.4
Langeweile, die, * … 1/1.2
Lasagne, die, - … 6/A
Lebenssituation, die, -en … Opt. 2/4
Leberkäse, der, * … 6/4.5
ledig … Opt. 1/7.1
leidenschaftlich … 4/2.8
Leitung, die, -en … 1/6.1
Lernfortschritt, der, -e … 5/So geht's
Lerntagebuch, das, "-er … 1/So geht's
Leseecke, die, * … Opt. 2/5
Lesetraining, das, * … 1/6
Liebeskummer, der, * … 1/4.1
Liebeslied, das, -er … Opt. 2/3
Liebling, der, -e … 8/6.3
Lieblingsort, der, -e … 2/5.1
Literatur, die, -en … 8/1.3
Loch, das, "-er … 4/1.1
Löffel, der, - … 6/2.1
logisch … 1/3.3
losgehen, losgegangen … 8/4.4
Lot, das, -e … 6/4.1
lustig … 2/4.4
mager … 6/3.2
Majonäse, die, -n … 6/3.7
Maler/in, der/die, -/-nen … 2/5.1
Mammutbaum, der, "-e … 2/4.3
männlich … 4/2.8
Marktplatz, der, "-e … 5/2.10
Maske, die, -n … 3/5.1
Maß, das, -e … 2/A
Maßangabe, die, -n … 2/2.1
Matrjoschka, die, -s … 3/5.1
Mäusemilch, die, * … 2/4.3
medium … 6/3.7
Mehrheit, die, -en … 1/1.1
meisten, die, Pl. … 1/1.1
merken (+ sich) … 8/3.3
Messer, das, - … 6/2.1
Millimeter (mm), der, - … 2/1.1
Missfallen, das, * … 3/A
Mitarbeiter/in, der/die, -/-nen … 7/2.3
mitsingen, mitgesungen … 8/6.3
Mittagspause, die, -n … 7/3.3
Modedesigner/in, der/die, -/-nen … 8/2.1
Moderator/in, der/die, -en/-nen … 6/4.5
Modewelt, die, * … 8/8.2
modisch … 8/So geht's
möglichst … 3/4.6
Moped, das, -s … 2/3.1
Motivation, die, -en … 1/3.3
Musical, das, -s … 3/1.6
mutig … 4/2.8
Mütze, die, -n … 8/A
nachmessen, nachgemessen … 2/3.9
Nachspeise, die, -n … 6/1.1
Nachteil, der, -e … 3/A
Nachteule, die, -n … 4/1.1
Nachtmensch, der, -en … 4/A
Nachwuchsfußballer/in, der/die, -/-nen … 6/4.5
Naturfarbe, die, -n … 8/8.2
Naturschnitzel, das, - … 6/4.5
Nebensatz, der, "-e … 1/A
nervös … 7/4.1
niemand … 1/3.3
Niete, die, -n … 8/8.2
Nordsee, die, * … 2/1.3
Nudelsuppe, die, -n … 6/A
Nuss, die, "-e … 6/3.3
nutzen … 1/3.2
o weh und ach … 6/4.1
Oberbegriff, der, -e … 6/1.2
Opernhaus, das, "-er … 5/A
Ordnung, die, (hier:) in Ordnung … 6/3.4
Ordnung, die, * … 7/4.2
organisieren … 1/1.1
Ortsname, der, -n … 2/4.3
O-Saft = Orangensaft, der, "-e … 4/A
Overall, der, -s … 8/8.2
paar, ein paar … 3/1.2
Pädagoge, Pädagogin, der/die, -n/-nen … 1/3.3
Paella, die, -s … 6/A
Paket, das, -e … 5/4.6
Papier, das, -e … 7/2.1
Parkplatz, der, "-e … 5/So geht's
Partnerdiktat, das, -e … Opt. 1/5
Passagierschiff, das, -e … 3/1.6
Pass-Nummer, die, -n … 5/1.6
Patent, das, -e … 8/8.2
Pauschalreise, die, -n … 3/1.2
perfekt … 1/3.3
Personalchef/in, der/die, -s/-nen … 7/2.1
pfeifen, gepfiffen … 2/4.1
Plane, die, -n … 8/8.2

Planung, die, -en … 3 / 1
Politiker/in, der/die, -/-nen … 2 / 5.2
Polizist/in, der/die, -en/-nen … 3 / 3.3
populär … 2 / 5.2
Portemonnaie, das, -s … 5 / 6.4
Position, *die, -en* … 8 / 8.2
preiswert … 3 / 1.2
privat … 4 / 1.1
pro … 1 / A
Profifußballer/in, *der/die, -/-nen* … 6 / 4.4
profitieren … 5 / 3.3
Programm, das, -e … 1 / 6
Projekt, *das, -e* … 5 / 7
Punkt, der, -e … 2 / 3.9
pünktlich … 1 / 4.3
Ratespiel, *das, -e* … 2 / 1.3
Recht haben … 1 / 5.2
Reflexivpronomen, *das, -* … 7 / A
regelmäßig … 7 / 4.2
Regenschirm, *der, -e* … Opt. 1 / 5.1
Regional Express, *der, -e* … 3 / 4.7
reich … 4 / 2.2
Reiche, der/die, -n … 1 / 5.3
reichen … 4 / 1.1
Reiseandenken, *das, -* … 3 / 5
Reiseberater/in, *der/die, -/-nen* … 3 / 1.1
Reisebüro, das, -s … 3 / 1.1
Reisepass, der, "-e … 5 / 1.6
Reiseziel, *das, -e* … 3 / A
rekonstruieren … 2 / So geht's
Rekord, *der, -e* … 2 / 4
Rennrad, *das, "-er* … 2 / 3.1
reservieren … 5 / 1.3
Rest, der, -e … 7 / 4.2
restlich … 6 / 2.1
Rinderroulade, *die, -n* … 6 / A
robust … 8 / 8.2
Romantik, *die, ** … 4 / 4.3
Roquefort, *der, ** … 6 / 3.3
Rose, die, -n … 4 / 2.5
Rotwein, der, -e … 6 / 2.1
Rotweinglas, *das, "-er* … 6 / 2.1
Ruhezeit, *die, -en* … 4 / 1.1
Rundgang, *der, "-e* … 5 / 2.4
Sahne, die, * … 6 / 1.1
Sahnehäubchen, das, - … 6 / 1.1
Salatteller, *der, -* … 6 / 3.7
Salsa, *der, ** … 1 / A
Salz, das, * … 6 / 2.1
salzig … 6 / 3.1
Samba, *der, ** … 1 / A
Satzgrafik, *die, -en* … 1 / 3.6
sauer … 6 / 3.2
Sauna, die, -s, Saunen … 5 / 2.3
Saxophon, *das, -e* … 8 / 3.1
schaffen *(hier:)* Ordnung schaffen … 7 / 4.2
Schalter, der, - … 3 / 4.1
scharf … 6 / 3.2
schätzen … 2 / 4.1
schauen … 4 / 2.7
Schichtarbeit, die, * … 7 / A
schick … 4 / 4.4
Schlaf, der, * … 4 / A
schlau … Opt. 1 / 2.1
schlecht gehen, schlecht gegangen … 2 / 3.6
schlimm … 7 / 1.5
Schmalz, *das, ** … 6 / 4.5
Schmalzbrot, *das, -e* … 6 / 4.5
schmutzig … 8 / 5,2
Schneider/in, der/die, -/-nen … 8 / 8.2
schrecklich … 4 / 3.2
schreien *(hier:)* schrei'n … 6 / 4.1
Schriftsteller/in, der/die, -/-nen … 2 / 5.2
Schutz, der, * … 8 / 1.3
schwach … 6 / 4.1
Schweinebraten, der, - … 6 / 1.4
Schwierigkeit, die, -en … 4 / 1.1
Segeltuch, *das, "-er* … 8 / 8.2
seiden … 8 / 2.1
selber … 1 / 1.1
selbstständig … 7 / A
Seminar, *das, -e* … 1 / 1.1
Semmel, *die, -n* … 6 / 4.5
sensibel … 4 / 2.8
Service, der, * … 7 / 2.3
Serviette, die, -n … 6 / 2.1
sicher … 1 / 3.7
siebziger (70er) Jahre, *die, Pl.* … 6 / 4.5
Silhouette, *die, -n* … 5 / 3.3
Single, *der, -s* … 4 / 2.8
Sinn, der, -e … 1 / 3
sinnvoll … 6 / 4.1
Socke, die, -n … 8 / 2.1
Software-Entwickler/in, *der/die, -/-nen* … 7 / A
sogar … 3 / 3.1
sollen … 8 / A
Sommermantel, *der, "-* … 4 / 4.3
Sonnenallergie, *die, -n* … 3 / 1.2
Sonntagmorgen, der, - … 3 / 2.6
sonst … 4 / 4.3
Sorge, *die, -n (meistens Pl.)* … Opt. 2 / 5.1
sparen … 1 / 4.2
speichern … 1 / 3.3
Speisekarte, die, -n … 6 / A
spontan … 7 / 4.2
Sprachenschule, *die, -n* … 5 / 2.10

spüren … Opt. 2/5.1
Stadtansicht*, die, -en* … 5/A
Stadtführer*, der, -* … 5/2.5
Stadtrundgang*, der, ‶-e* … 5/2.4
ständig … 8/8.2
Stau, der, -s … 1/4.1
stehen etw. steht jem. gut, **gestanden** … 8/A
steigen, gestiegen … 4/3.2
Stein, der, -e … 5/3.3
Steinhaufen*, der, -* … 5/3.3
Stellenanzeige, die, -n … 7/2.1
sterben, gestorben … 8/8.2
Stiefel, der, - … 8/A
Stift*, der, -e* … Opt. 1/4.1
Stimmung*, die, -en* … Opt. 2
Stoff, der, -e … 8/8.2
Stopp! … 2/4.1
Straßencafé*, das, -s* … 3/3.1
Strategie*, die, -n* … 3/So geht's
Strecke, die, -n … 2/3.9
Streichholz, das, ‶-er … 2/4.1
Streifen*, der, -* … 8/2.1
Streit, der, * … 1/4.1
Struktur*, die, -en* … 1/3.3
strukturiert … 4/1.1
Stück*, das, -e* … 8/8.2
Studienreise*, die, -n* … 1/1.1
Stuhlkreis*, der, -e* … 8/2.2
Stundenkilometer*, der, - (km/h)* … 2/A
Superlativ*, der, -e* … 2/A
Supermarkt*, der, ‶-e* … Opt. 2/SE1
supermodern … 8/2.1
süß … 2/3.5
Süße*, das, *, etwas Süßes* … 6/1.2
Swimmingpool*, der, -s* … 5/2.3
sympathisch … 7/1.5
tagaus … 4/3
tagein … 4/3
Tageskarte, die, -n … 6/1.1
Tagesprogramm*, das, -e* … 5/A
Tango*, der, -s* … 1/A
Tanzkurs*, der, -e* … 1/A
Teelöffel*, der, -* … 6/2.1
Teilnahme*, die, ** … 6/4.5
teilnehmen, teilgenommen … 1/1.3
Temperament*, das, -e* … 4/2.5
temperamentvoll … 4/2.8
Tennisball*, der, ‶-e* … 2/3.5
Testergebnis*, das, -se* … 4/1.3
Textverarbeitung*, die, -en* … 1/6.1
Textverstehen*, das, ** … 8/8.2
thailändisch … 6/A
Thriller*, der, -* … 4/3.4
Tierpark*, der, -s* … 3/1.6
Tirolerhut*, der, ‶-e* … 3/5.1
Tod, der, * … 8/8.4
Tomatensalat, der, -e … 6/3.7
Tomatensuppe, die, -n … 6/1.2
Ton*, der, ‶-e* … 2/4.1
tot … 6/4.1
Tourismusindustrie*, die, -n* … 5/3.3
Trainer/in*, der/die, -/-nen* … 6/4.5
trainieren … 1/3.3
Training, das, * … 1/6
träumen … 1/4.1
Traumfrau*, die, -en* … 4/2.8
Traummann*, der, ‶-er* … 4/2.8
Treff*, der, -s* … 4/2.7
treiben, getrieben *(hier:)* Sport treiben … 1/2.3
trennen *(+ sich)* … Opt. 2/3.1
trotzdem … 1/4.5
Tunesien … 3/So geht's
übereinstimmen … 4/1.3
überflüssig … 1/5.1
überhaupt … 3/2.1
übermorgen … 3/3.1
übernachten … 3/3.5
Übernachtung, die, -en … 5/1.3
Übernachtungsmöglichkeit*, die, -en* … 5/3.3
überprüfen … 2/A
Überraschung, die, -en … 4/1.1
Überstunde, die, -n … 7/A
übrig … 5/5.1
übrigens … 5/3.3
Uhrenmuseum*, das, -museen* … 5/2.3
um … zu … 4/1.1
umarmen … 7/2.1
Umfrage*, die, -n* … 4/2.8
Umgebung, die, -en … 2/5.2
umknicken … 8/7.3
umsteigen, umgestiegen … 3/4.4
Umwelt … Opt. 1/8.1a
unbeweglich, unbeweglich … 6/4.2
unentschieden … 1/5.2
ungefähr … 2/5.1
unglücklich … 1/5.3
Universitätsstadt*, die, ‶-e* … 2/So geht's
unsicher … 3/1.2
Unsinn, der, * … 4/1.4
Unterhemd*, das, -en* … 8/4.1
Unterhose*, die, -n* … 8/2.1
Urlaubsgruß*, der, ‶-e* … 3/3.1
Urlaubsplanung*, die, -en* … 3/1
Urlaubspostkarte*, die, -n* … 3/3.5
usw. = und so weiter … 1/1.1
Veranstaltung, die, -en … 1/1.1

Verbindung, die, -en ... 3/4.7
verdienen ... 1/1.2
Verein, *der, -e* ... 3/1.6
Verfügung, *(hier:)* zur Verfügung stehen ... 5/3.3
Vergleich, *der, -e* ... Opt. 1/4
verlieben (+ sich) ... 1/1.2
verlieren, verloren ... 5/3.3
vermeiden, vermieden ... 4/1.1
vermuten ... 2A
verschlafen, verschlafen ... 1/4.1
versprachlichen ... 6/So geht's
versuchen ... 1/2.5
vertiefen ... 3/So geht's
Visitenkarte, *die, -n* ... 5/1.6
Vokabel, die, -n ... 4/4.2
voraus, im Voraus ... 4/1.1
voraussichtlich ... 5/1.6
vorbei ... 2/4.1
Vorsicht, *die,* * ... 4/1.1
Vorspeise, die, -n ... 6/1.1
vorstellen (+ sich) ... 7/2.4
Vorstellungsgespräch, das, -e ... 7/2.1
Vorteil, der, -e ... 3/A
Vortrag, *der, "-e* ... 1/1.1
Vulkan, *der, -e* ... 3/1.4
wach ... 4/A
Wagen, *der, -* ... 8/8.2
Wagenplane, *die, -n* ... 8/8.2
Walnuss, die, "-e ... 6/3.3
Wandzeitung, *die, -en* ... 5/7.2
Wasserglas, *"-er* ... 6/2.1
Web, *das,* * ... 7/1.5
Web-Entwicklung, *die, -en* ... 7/1.5
Wegbeschreibung, die, -en ... 5/2.8
weggehen, weggegangen ... Opt. 1/5.1
wegräumen ... 7/4.2
Weigerung, *die, -en* ... 8/4.2
weil ... 1/1.1
weinen ... 6/4.2
Weißwein, der, -e ... 6/2.1
Weißweinglas, *das, "-er* ... 6/2.1
weiterbilden (+ sich) ... 1/1,2
weitergeben, weitergegeben ... 1/5.2
Weltkarriere, *die, -n* ... 6/4.5
weltweit ... 8/8.2
wenn ... 5/A
werben, geworben ... 3/1.6
widersprechen, widersprochen ... 1/5.2
wiegen, gewogen ... 6/4.5
Wille, *der,* * ... 8/4.2
Wirkung, *die, -en* ... Opt. 2
Wissenschaftler/in, der/die, -/-nen ... 1/3.3
Wochenplan, *der, "-e* ... Opt. 2/2.2
wollen ... 8/A
Wombat, *der, -s* ... 3/So geht's
Wortreihe, *die, -n* ... Opt. 1/1.2
Wortteil, *der, -e* ... 6/1.1
worüber ... 6/4.5
wunderbar ... 3/1.1
wunderschön ... 4/4.4
Wunsch, der, "-e ... 6/1.4
Wunschwoche, *die, -n* ... Opt. 2/2.2
würfeln ... 3/2.4
würzig ... 6/3.2
wütend ... 3/2.7
zäh ... 6/3.2
zählen *(+ auf)* ... 4/1.1
Zahnarzt/Zahnärztin, der/die, "-e/-nen ... 7/A
Zahnbürste, die, -n ... 3/A
Zahnstocher, *der, -* ... 6/2.1
zart ... 6/3.1
zärtlich ... 4/2.8
Zeitmanagement, *das,* * ... 7/4.2
Zeitplan, *der, "-e* ... 7/4.2
Zentimeter (cm), der, - ... 2/1.1
Zentrum, das, Pl.: Zentren ... 3/3.1
Ziel, das, -e ... 3/A
Zielpunkt, *der, -e* ... 5/2.8
Zikade, *die, -n* ... 2/4.3
Zimmernummer, *die, -n* ... 5/1.5
Zucker, der, * ... 6/4.2
Zug, der, "-e ... 2/4.3
Zukunft, die, * ... 1/5.1
zum Teil ... 4/1.4
zusammenfassen ... 7/4.2
Zusammenfassung, die, -en ... 5/3.4
zusammenstellen ... 7/2.1
zuschauen ... 6/4.5
Zuschlag, der, "-e ... 3/4.1
zusehen, zugesehen ... 8/6.3
zustimmen ... 1/5.1
zutreffen, zugetroffen ... 4/1.1
Zweigstelle, *die, -n* ... 1/1.1

Bild- und Textquellen

Bildquellen: S. 4 *(von oben nach unten)* © Corbis (RF) – © Picture-Alliance/dpa/ZB-Special, Maurizio – © DB AG – © Corbis/zefa, Keller – © Schapowalow, Huber; **S. 6** *(von oben nach unten)* © Mediacolors, Eigstler – © Getty, Johner – © Norbert Schäfer – © BananaStock (RF); **S. 8** © Wolfgang Deuter; **S. 9** *oben rechts:* © Picture-Alliance/dpa, Mauri Rautkari – *oben Mitte:* © Vario-Press/68images.com – *oben links:* © Joker, Gerard – *unten links:* © Picture-Alliance/Picture Press, Ballnus – *unten Mitte:* © BilderBox – *unten rechts:* © Corbis (RF); **S. 12** © Cornelsen, Kämpf (RF); **S. 16** *oben links (1) und Mitte rechts (4):* © Cornelsen, Corel-Library (RF) – *(2, 3, 5, 6)* © Comstock (RF); **S. 17** *oben links (1), Mitte rechts (4) und Mitte links (5):* © Cornelsen, Helmut Litters – *(2)* © Jahreszeiten Verlag – *(3)* © Cornelsen, Corel-Library (RF) – *(6)* © Elisabeth Cölfen (RF) – *(7)* © Stockfood/Hailight Fotographie; **S. 19** *oben links:* © Picture-Alliance/dpa, Hirschberger – *unten links:* © Picture-Alliance/dpa, Kasper – *Mitte:* © Mecom, Simon – *oben rechts:* © Picture-Alliance/dpa – *Mitte rechts:* © Picture-Alliance/Photoshot – *unten rechts:* © Picture-Alliance/dpa, Hesse; **S. 21** *links (von oben nach unten):* © Picture-Alliance/dpa/ZB-Special, Maurizio – © Picture-Alliance/dpa, Seeger – © Picture-Alliance/dpa, Baum – *rechts (von oben nach unten):* © Picture-Alliance/dpa/ZB, Schindler – © Picture-Alliance/dpa, Bernhaut – © Berlin Partner/FTB-Werbefotografie; **S. 22** *links:* © Picture-Alliance/dpa, Breloer – *Mitte:* © DB AG – *rechts:* © Avenue Images/Index Stock, Bibikow; **S. 26** *oben links:* © GPL – *unten links:* © Picture-Alliance/dpa, Ji guoqiang – *oben rechts:* © Picture-Alliance/Okapia, Reinhard – *unten rechts:* © Cornelsen, Corel-Library (RF); **S. 27** *links:* © Stadt Aschaffenburg – *rechts:* © Picture-Alliance/Berliner_Kurier, Relly; **S. 28** © Mauritius, Ball; **S. 29** *oben links:* © Visum/The Image Works – *unten links:* © Travelstock44.de – *Mitte:* © Picture-Alliance/dpa, Sauer – *rechts (von oben nach unten):* © Peter Widmann – © Picture-Alliance/dpa, Scholz – © Corbis/zefa, Turbo; **S. 30** © Christoph Hermann; **S. 33** © Picture-Alliance/dpa, Felix; **S. 34** © Berlin Partner/FTB-Werbefotografie; **S. 35** *(1)* © Picture-Alliance/dpa, Lux – *(2, 3, 4, 6, 7, 8)* © DB AG – *(5)* © Picture-Alliance/ZB, Grubitzsch; **S. 37** *oben:* © DB AG – *links:* © Cornelsen, Helmut Litters – *Mitte:* © 2006 Kraft Foods Deutschland GmbH – © Cornelsen, Corel-Library (RF); **S. 39** *links:* © Getty, Schoenrock – *rechts:* © Corbis/zefa, Keller; **S. 40** *(von oben nach unten)* © Joker, Gloger – © Getty (RF) – © Caro, Bastian – © Avenue Images/Fresh!; **S. 42** *oben:* © Corbis, Skelley – *unten links und rechts:* © Cornelsen, Corel-Library (RF); **S. 43** *links:* © Plainpicture/Ami – *rechts:* © Mediacolors/Colorstock/Vsl; **S. 44** © Joker, Bugnaski; **S. 45** © Picture-Alliance/Helga Lade GmbH, Krecichwost; **S. 48** © Cornelsen, Corel-Library (RF); **S. 50** © Comstock (RF); **S. 51** © Schapowalow, Huber; **S. 52** *(von oben nach unten)* © Cornelsen, Benjamin Böhler – © Comstock (RF) – © Cornelsen, Corel-Library (RF) – © DB AG; **S. 53** *oben rechts:* © Travelstock44.de – *oben links:* © Greater Zurich Area AG – *unten links:* © Beyer Chronometrie AG – *oben Mitte:* © Mediacolors, Eigstler – *unten Mitte:* © F1online, Prisma; **S. 54** © Getty, Kaluzny; **S. 56** *oben:* © Visum, Vossberg – *unten (von links nach rechts):* © images.de/Travelstock44 – © Mediacolors, Miller – © Peter Koehl; **S. 58** *(von oben nach unten)* © Picture-Alliance/dpa, Rütschi – © Corbis/zefa, Wiesmeier – © Cornelsen, Rohrmann (RF) – © 2006 Kraft Foods Deutschland GmbH; **S. 61** © Picture-Alliance/Godong; **S. 63** *(1)* © Getty, Johner – *(2)* © Getty, Lemmens – *(3)* © Schapowalow, Huber – *(4)* © Thomas Frister – *(5)* © Visum/The Image Works; **S. 66** *links:* © Cornelsen, Corel-Library (RF) – *Mitte:* © Apollinaris & Schweppes GmbH – *rechts:* © Latis; **S. 67** © Cornelsen, Corel-Library (RF); **S. 69** © Picture-Alliance/dpa, Votava; **S. 71** *(1)* © photothek.net, Koehler – *(2)* © Vario-Press, Kiefer – *(3)* © Visum, Reeg – *(4)* © Caro, Ruffer – *(5)* © Andreas Buck – *(6)* © Mediacolors/Bew; **S. 72** *(1)* © Getty/Photolibrary.com – *(2)* © Mediacolors/Bew – *(3)* © Stock4B, Rose/Mueller – *(4)* © PhotoAlto, Audras – *(5)* © Plainpicture, Pieper – *(6)* © Norbert Schäfer; **S. 73–75** © Cornelsen, Schulz; **S. 76** *links:* © Picture-Alliance/dpa, Grimm – *Mitte:* © Picture-Alliance/dpa, Brambatti – *rechts:* © Picture-Alliance/dpa, Kneffel; **S. 77** © Deutsche Telekom AG; **S. 79** *links:* © Ostkreuz, Westerkamp – *Mitte:* © Jump Fotoagentur, Vey – *oben rechts:* © Norbert Schäfer – *unten rechts:* © Peter Widmann; **S. 82** © Stock4B, Koenig; **S. 83** © Agentur Focus/Magnum, Bischof; **S. 85** © Picture Press/Solus Images, Denuto; **S. 86–87** © Ullstein; **S. 89** *Mitte:* © Cornelsen, Corel-Library (RF) – *Mitte rechts:* © DB AG – *unten rechts:* © Ullstein; **S. 91** *unten:* © Stock4B, Hoeck; **S. 92** © Picture-Alliance/dpa; **S. 93** © Cornelsen (RF); **S. 94** *oben:* © BananaStock (RF) – *unten:* © Vario-Press, Kiefer

Textquellen: **S. 10** © Reitz, Gerhard (2005): Volkshochschul-Statistik 2004. Zahlen in Kürze. (URL: http://www.die-bonn.de/esprid/dokumente/doc-2005/reitz05_01.pdf); **S. 53** *rechts:* © Züritipp, 2006 – *Mitte:* © Zoo Zürich; **S. 58** *oben rechts:* © Cornelsen, Binder; **S. 92** © Südverlag GmbH, Konstanz, 2000, aus: e.o. plauen „Vater und Sohn" in Gesamtausgabe Erich Ohser; **S. 118** Interview mit Prohaska: © Grissemann & Stermann

Wir danken den Unternehmen Deutsche Bahn AG (S. 4, 22, 35, 37, 52), Kraft Foods Deutschland GmbH (S. 37, 58), Beyer Chronometrie AG (S. 53), Greater Zurich Area AG (S. 53), Apollinaris & Schweppes GmbH (S. 66), Deutsche Telekom AG (S. 77) und Raumstation GmbH (S. 118) sowie dem Kultur-Magazin Züritipp (S. 53) und dem Zoo Zürich (S. 53) für die freundliche Unterstützung.